U0071296

懷念 傅斯年

胡　適・等著

蔡登山・導讀

【導讀】重印記

蔡登山

一九五〇年十二月二十日下午，傅斯年在臺灣省議會答覆教育行政質詢時，「突患腦溢血逝世於議場」，享年五十五歲。當時有郭大砲（郭國基）罵死傅大砲的說法。對於此事，當時的教育廳長陳雪屏在文章上有他親歷的說法，他說：「二十日省參議會開會，一整天都是有關教育行政的詢問，下午的會議中開始都由我答覆，最後郭參議員國基提出臺大招生放寬尺度及教育部存放臺大的器材處理問題，須由孟真先生答覆，他答覆完畢為六時十分，走下發言臺時我看到他步履不穩，上前扶持，他只說『不好……』便倒在我身上，立即昏迷，當時劉參議員傳來（是一位醫生）幫同把他扶臥在列席人員所坐的一排椅子上，我的公事包便做為枕頭。從此他再未清醒，各種救急的治療都無效果，延至當晚十一時二十分逝世。」對於傅斯年是否確為郭大砲濫施轟擊所氣死，陳雪屏有所澄清，他說：「郭參議員平日在議壇上對行政方面詢問，往往盛氣凌人，不留情面，故有大砲之稱。而他卻非常敬佩孟真先生，視為前輩。當日所詢問的兩點本來很容易說明，五分鐘便足以了事。孟真先生費了三十分鐘，主要在以教育家的態度，婉為解釋大學的入學考試必須保持公平，杜絕情面，因而不便輕易降低標準，意欲使地方民意代表能透澈明瞭此點，故不惜費辭。無論問者、答者雙方詞

i

意中均未攙雜火藥氣味。第二天一部分臺大學生包圍省參議會要對郭國基有所行動？我曾趕到現場，和黃朝琴議長將當時實際情況說明，學生才散去。」由此可見傅斯年為郭大砲氣死的傳聞是以訛傳訛的說法。

　　本書原名《長眠傅園下的巨漢》是蒐集傅斯年去世後的追悼文章，有其一手的史料價值，上述陳雪屏的文章，即是一例。而更有傅斯年的師友、學生，如胡適、蔣夢麟、羅家倫、陶希聖、朱家驊、王世杰、李濟、陳雪屏、英千里、那廉君、程滄波、毛子水、董同龢、何定生、屈萬里、伍俶、陳槃、王叔岷等等的重要回憶文章，他們從各個不同層面來回憶這位北大的同學同事及台大的校長，從思想人格到為人處事甚至到辦公室裡的傅校長，可說是近身觀察傅斯年的一紀實文集。當然此書還蒐集到當時的《台大校刊》、台大各社團的刊物裡同學的懷念文章，及各報社如《中央日報》、《中華日報》、《公論報》的社論及採訪。這些在歷經六十於年後的今天，可說是蒐羅匪易了，更見其歷史文獻的珍貴，因之我們將其重印打字校對，令此一史料不致於湮滅，並更名為《懷念傅斯年》，讓讀者更加一目了然。

目　錄

傅孟真先生的思想

胡適

今天這個日子，實在不容易說話。昨天我花了一個晚上把孟真遺集的鉛樣本從頭翻了一遍，所以格外體會到陳院長剛才所講的話。的確，我們失掉了這樣一個人，是很不容易得到一種補償的。孟真同我是幾十年的朋友，想不到在這個時候我會參加這樣的一個紀念會。在今天的紀念刊上曾印出我的一篇短文，是寫孟真遺著的序。這雖然是一篇短文，寫來卻很用心。其中曾說：**孟真是人間一個最難得最稀有的天才。**他的記憶力最強，同時理解力和判斷力也最強。他能夠做最細密的繡花針工夫，他又有最大膽的大刀濶斧本領。他是最能做學問的人，同時又是最能辦事又最有組織才幹的天生領袖人物。他集中人世許多難得的才性於一身。有人說他的感情很濃烈，但認識他較久的人就知道孟真並不是脾氣暴躁的人，而是感情最熱，往往帶有爆炸性，同時又是最溫柔最富於理智的人。像這樣的人，不但在一個國家內不容易多得，就是在世界上也不容易發現有很多的。

剛才陳院長曾說到孟真在臺灣這幾年的貢獻。我個人感覺到他無論在什麼地方，總是一個力量。在學校裡做學生，在新潮社辦《新潮》雜誌，以及後來在外國留學，都是那些團體中的一股力量。他從歐洲回國以後，在朱先生領導的中山大學文學院，後來又在中央

1

研究院歷史語言研究所二十多年，也是那些團體中的一個力量。在重慶、南京、臺灣等處，又是一個力量。他這樣的人，無論在什麼地方都能發揮其領袖的才幹。他有學問，有辦事能力，有人格，有思想，有膽量；敢說話，敢說老實話，這許多才性使他到處成為有力量的人。我總感覺，能夠繼續他的路子做學問的人，在朋友當中也有；能夠繼續他某一方面工作的人，在朋友中也有；但是像他這樣一個到處成為道義力量的人還沒有。所以他的去世，是我們國家最大的損失。在他過世二周年的時候使我感到最傷痛的，也是這一點；這是沒有法子彌補的。

今天我很簡單的說一說孟真的思想。剛才主席說我在他過世的時候寫過紀念的文章；其實我沒有寫。朱先生講的，大概是指當時在《臺大校刊》所發表的我致在臺北的一位朋友的信而言；在這封信中，我曾說起孟真的去世是我們國家的大損失。為什麼二年來沒有寫文章紀念他呢？實在是因為我與孟真的感情太深，拿起筆來就有無限的傷感，所以紀念的文章總是寫不出來。昨天我看他的遺著，找出其中幾點，是可以為敬愛孟真的朋友們談一談的。

孟真活了五十五歲，他早年的情形我不很知道。我們可以把他從做學生時代到死，分為四個部分來說。第一部分是他青年做學生時代的思想；第二部分是他壯年個人做學術時代的思想；第三部分是他壯年時期在歷史語言研究所時代的思想；第四部分是他晚年的思想，也是國家最危急最動盪的時候的思想。

第一，先說他做學生時代的思想。他的第一篇文章就是我給他校閱的，在新青年雜誌上刊出來。那時候，他就是最能了解當時新思潮新文化運動的人。我在若干年後才知道他在很早的時候就是胡適之的「保駕人」，在不知不覺中已經替我作了保護的工作。諸位

看過顧頡剛先生的《古史辯》第一集，上邊一個七萬字的長序嗎？裡邊曾說到我當時在北大教哲學史的情形。那時北大中國哲學系的學生都感覺一個新的留學生叫做胡適之的居然大膽的想剷斷中國的哲學史；因為原來講哲學史的先生們，講了兩年才講到商朝，而胡適之一來就把商朝以前的割斷，從西周晚年東周說起，這一班學生們都說這是思想造反；這樣的人怎麼配來講授呢！那時候，孟真在學校中已經是一個力量。那些學生們就去聽聽我的課，看看是不是應該趕走。他聽了幾天以後，就告訴同學們說：「這個人書雖然讀得不多，但他走的這一條路是對的。你們不能鬧。」我這個二十幾歲的留學生，在北京大學教書，面對著一般思想成熟的學生，沒有引起風波；過了十幾年以後才曉得是孟真暗地裡做了我的保護人。

那時候他很注意北大一般教授提倡的新思想，他知道這個運動要成為一個很大的力量，就與他的一班同學朋友辦了一個《新潮》雜誌。他在《新潮》雜誌上發表的文章，現在都已收集在遺著第一冊裡邊。從那些文章中可以看出他那個時代的思想，是贊成文學改革，白話運動的，是贊成新思想的。我可以引一段他的文字來代表他早年的思想。這篇文章叫做〈白話文學與心理的改革〉。他認為文學改革應該引起一個思想的改革運動。任何文章都可以用白話來寫；幾百年來曾有人用白話寫過最好的小說、詩、詞、曲等。但最重要的是白話文學運動應該是一個新思想運動；如果這個運動中沒有新思想，那麼這個運動是站不住的。所以他說：「用手段高強的文學，包括著『人的』思想，促動大家對於人生的自覺心，是我們的使命。」又說，「未來的真正中華民國，還須借著文學革命的力量造成。」這是很大膽的說法。他的結論：「是真正的中華民國必須建設在新思想的上面，而新思想必須放在新文學的裡面。」他年

輕的時候這樣主張，到了晚年還是這樣主張。他所說的「真正的中華民國必須用文學革命的力量造成」這個理想，到現在還沒有能夠完全實現。這一點是我們後死的朋友應該接受而努力的，同時又是後死的朋友們應該常常想念到的。他的早年思想是前進的。他在文學改革新思想運動上是一個領導者，在二十幾歲的時候就能指導出一條正確的大路。

第二，他留學國外時期的思想。他初回國時，即任中山大學文學院長，兼授文史功課。在這個時期，以及後來在中央研究院歷史語言研究所工作的時候，常將留學時所想過的許多有關古史或古代中國文學史的問題加以探討。他不贊成用哲學史的名字來講中國思想，而主張用中國思想史的名字。他的壯年幾本最偉大的，繼往開來的學術論著，都是在留學時期中就已想到的，他以最強的記憶，能夠綜合起來，在舊的材料中，用新的思想，新的方法，再配上新的材料，找出新的重要的問題。這個時期我們可以說孟真在中國學術史上佔了一個最高的地位。這就是他三十一歲至四十五歲這一時期。

我可以舉出這個時期中他的幾篇文章作說明。（一）《中國古代文學史講義》：這是一部了不得的著作。我們知道，凡是一個大的思想家，往往撒出許多種子；有些種子掉在石頭上被人踏碎了，有些種子撒在肥沃的泥土上，有了生命，就發生了力量。昨天晚上，我看他的書，想到恐怕有許多朋友都還不能十分了解他的重要性。一九二六年我到巴黎；他那時在柏林，知道我來到法國，特地從柏林趕來與我同住了許多天。我們白天同在法國國家圖書館讀書，晚上在中國館子吃飯，飯後常常談到晚上一二點鐘，充分互相討論。那個時候他就已經撒下了許多種子。他說：中國一切文學都是從民間來的，同時每一種文學都經過一種生、老、病、死的狀態。從民

間起來的時候是「生」，然後像人的一生一樣，由壯年而老年而死亡。這個觀念，影響我個人很大。說到這個觀念，我們常常想起孟真貢獻最大的就是他的思想。中國文學無論是小說、詞、曲、詩，都是來自民間，慢慢的才跑到上層，影響到士大夫階段。但到了士大夫手上以後，就慢慢的老了、死了。這個觀念，曾經在他的中國古代文學史中撒下許多有價值的種子。我相信這些種子將來還可以繼續在中國文學史方面發生影響。（二）〈史學方法導論〉：在現在看起來還是有許多有價值的種子在這個導論裡邊。（三）《性命古訓辯證》：這是他唯一的一部寫成書的著作，其中方法是值得我們繼續的。（四）《古代中國與民族》：這是他沒有完成的一部大書，有的時候也想定名為「民族與古代中國」。這是說明古代民族的來源的。可惜這部偉大的著作沒有完成。但他曾經發表了幾篇論文：如〈姜原〉，提供了許多有助於研究的材料；另一篇為〈周東封與殷遺民〉，說明從周室東征到山西北部、征服了整個東部的情形。這一篇文章我公開承認影響我最大，最能夠表現他的思想。再有一篇是〈夷夏東西說〉，出版在蔡先生六十週年紀念特刊上；搜集的材料豐富，將東西夷夏加以區分；很少人有這樣銳利的眼光。

現在回過頭來談談他〈周東封與殷遺民〉這篇文章。我在中國哲學史內提到古代服三年之喪這個問題，感覺到很困難。孔子的弟子宰我曾說一年就夠了，但孔子卻說「夫三年之喪，天下之通喪也。」過了一百年以後，當滕文公繼承他父親為滕候時，孟子居然說動了滕文公，說喪禮應服三年。但當時滕國的士大夫都不贊成；他們都反對「三年」。他們說，「吾宗國魯先君莫之行，吾先君亦莫之行也。」這兩句話與孔子的話是衝突的，孔子說三年之喪為天下之通喪，而滕國的大夫又說魯國未曾行過，我滕國也沒有行過，究竟是

孔子說假呢？還是滕國大夫錯了呢？孟真在這一篇文章中說：「孔子之天下，大約即是齊魯宋衛，不能甚大，可以『登大山而小天下』為證。」當時周統治中國，老百姓多為殷之遺民；上層階級均用周禮，一般老百姓則仍用殷禮。故孔子曾說：「丘也，殷人也。」殷朝雖然已經滅亡，但其後七百年間，上邊統治階級與下邊人民的習俗不同。絕對多數的老百姓是殷遺民，而三年之喪是殷民的制度；孔子自稱殷人，所以孔子以三年之喪為天下通喪是不錯的。而滕國大夫所講「魯先君莫之行，吾先君亦莫之行」，也沒有錯；因為滕是文王的子孫，魯是周公的子孫，都是殷的統治民族，所以與老百姓不同。能夠把這個觀念來解釋論語先進篇第一章的，二千多年來，孟真還是第一個人。這章的原文是：

> 子曰：「先進於禮樂；後進於禮樂，君子也。如用之，則吾從先進。」

孟真以為「野人即是農夫，非如後人用之以對『斯文』而言；君子指卿大夫階級，即統治階級。先進後進，自是先到後到之義。禮樂是泛指文化，不專就玉帛鐘鼓而言。名詞既定，試翻譯做現在的話如下：

> 那些先到了開化的程度的，是鄉下人；那些後到了開化程度的，是「上等人」。如問我何所取，則我是站在先開化的鄉下人一邊的。

先開化的鄉下人自然是殷遺民，後開化的上等人自然是周的宗姓婚姻了。」現在有許多人提倡讀經：我以為對這幾句話解釋得通才配讀經；如果解釋不通，不配讀經！

　　孟真有絕頂天才，他替我解決了中國哲學史上不能解決的問題。我接受了他的觀念，寫了一篇五萬字的文章，叫做〈說儒〉，從這個觀念來講古代思想，根本推翻了我過去對於中國古代思想史的見解。所以今天在各位老朋友面前，格外表示我對他無限的哀思。

　　第三，是要說第三時期也是他壯年的時期，他以偉大的力量將古代民族、古代歷史問題和古代史科，作了一個繼往開來的事業。但剛才所說的是他個人學術研究的部分，現在要說的這一部分則為他在歷史語言研究所的工作。他是能夠實行從前英國大哲學家培根所講的「集團研究」的，一個人研究學問究精力有限；大規模的分工合作，團體研究是比較容易有成就的。培根三百年前的理想，到了一百多年前才由世界上一般先進國家慢慢地做到。孟真回國的時候，正是我國團體研究機關開始的時候。我們可以說，孟真在中央研究院的工作，是中國做團體研究最成功的。用不著我來詳細介紹。他在民國十七年時替歷史語言研究所定出三個目標：（一）凡能直接研究材料，便進步；凡間接的研究前人所研究或前人所創造的系統，而不能豐富細密參照所包含的事實，便退步。（二）凡能擴張研究的材料，便進步；不能的，便退步。這就是他所說的「上窮碧落下黃泉，動手動腳找東西！」（三）凡能擴充他作研究時應用的工具的，便進步；不能的，便退步。他以這三個目標與同人互相勉勵；後來二十年的成績可以證明他領導的能力。因為他有眼光、有方法、有領導能力，所以才有這樣的表現。

　　第四，是他中年至晚年的思想。他早年思想，是站在文學思想革命的前哨，是一個領導者，是一個力量。以後到晚年，他仍是繼續他早年在新潮時代的那種地位。這一時期他的重要的思想，我可以提出三點：

（一）他是反共抗俄的大領袖。在思想上，無論在重慶、南京、臺灣，他都是反共抗俄的大力量。他有一文章〈自由與平等〉，指出了蘇聯沒有自由，也沒有平等；如果說蘇俄有經濟的平等，是完全錯誤的。這是很重要的一篇文章。第二篇文章〈蘇聯究竟是一個什麼國家？〉、第三篇文章〈我們為什麼要反共？〉、第四篇是〈共產黨的吸引力〉這四篇文章，是他在三十八年至三十九年他臨死前寫的文章。他在這些文章中表現了反共抗俄的思想。譬如在〈蘇聯究竟是一個什麼國家？〉這一篇中他說：「蘇聯乃是一個集人類文明中罪惡之大成的國家。」在〈我們為什麼要反共？〉一篇中說：「史大林真正集大成，集中古的近代的一切壞東西的大成。」在這一篇文中還提出三個目標，這在我個人是完全同意的。第一是「我們為中國的文明傳統，為世界的文明傳統，不能不向蘇共中共拼命反抗。」第二是「我們為保持人類自尊性，不能不向蘇共中共拼命反抗。」第三是「我們為人在世界上活著有意思一個道理，不能不向蘇共中共拼命反抗。」而這些思想，在孟真早年的時候就已經具有了。

（二）他講教育的文章。他對教育方面，曾寫了幾十萬字。他做臺大校長的時候，就說過「一個理想的大學，應該辦平淡無奇的教育。」他有兩句話。第一句是「自己健康起來」：就是生活改善，加強功課，同時給以正當的娛樂。第二句是「品性教育」：就是人品、人格的教育，也就是「對人對物能立其誠」，就是「不扯謊」。這也是他從青年至晚年根本的認識。

（三）他晚年的思想，值得大家注意。我們也可以說，他從新潮時代以來三十多年中，只有一句話，就是希望國家近代化。反過來說，就是反中世紀主義；不要以中古時代的思想拿來誤國誤民，阻礙國家的前途。他說：民族的自信心是必須樹立的；但是，與其自信過去，何如自信將來，而一步一步的作我們建國的努力。這就是說，與其寄托自信心於新石器時代，或者「北京人」時代，何如寄自信心於今後的一百年，把一個老大病國變成一個近代化的國家。土耳其的凱末爾是個好例。凱末爾為什麼把許多回教國家的國粹毀掉不愛惜它呢？正因為這些國粹是土耳其走向進代化的障礙。我們的國粹運動，如果無節制的發揮起來，只是妨礙我們國家民族的近代化，其流弊是無窮的。所以孟真在獨立評論中曾有過幾篇文章反對讀經與中醫。他說：建設近代國家，無取乎中世紀主義。

我覺得我們要紀念孟真，很值得把他的文章重新註解、重新考慮、這是我今天匆忙中經過稍許整理而提出的報告，來紀念這個沒有法子彌補的好朋友。

（民國四十一年十二月二十日
傅孟真先生逝世兩週年紀念會上演講）

傅孟真先生的民族思想

傅樂成

前言

　　先伯孟真先生，去世已有十三年了，但至今還沒有人為他寫一部比較詳細的傳。最適合同時也願意為他寫傳的胡適之先生，已於去年作古。他的其他老友而可以為他寫傳的，也大多衰病侵尋，不適繁劇。因此一兩年來，我常有一個不自量力的想法，就是由我為孟真先生來寫一部至少五六十萬字的傳。雖然這個想法經常的縈擾著我，但直到幾個月前才立定實行的決心。從去年十一月起，我開始整理孟真先生寄存於中央研究院歷史語言研究所的各種函件，這工作至今還沒有結束。最近，家伯母俞大綵女士也把她所收藏的有關孟真先生的一批文件，交給我應用。現在資料方面，已經沒有問題，此後只是看我能不能勝任這個工作了。

　　無論就學識和寫作能力來說，這個工作對於我，實有相當的艱巨，決不能掉以輕心。因此在正式寫傳以前，必須先有一個準備工作，諸如孟真先生思想學問的探討，資料的分類和取捨，中外著名傳記的參考等。此外我還打算先寫上幾篇文章，作為寫傳的一種試驗或練習，同時把若干重要資料，在文章中

先行發表出來，以廣流傳。因為這些原始資料，頗有公之於世的價值，而在傳裡又不可能全部引用。這篇文章的發表，便是基於以上的理由。

　　孟真先生具有強烈的民族意識和國家觀念，報紙上曾說他是狂熱的愛國者，他的這種狂熱，隨時見之於言論行動。在他所遺留的作品與函件中，這類資料可以說俯拾即是。本文只是把這類資料，略加分類和說明，其中並沒有什麼「體系」。但我相信，讀者從這些資料，可以看出孟真先生民族思想的一個大致輪廓。

歷史人物的評價

　　孟真先生在他的文章和言論中，對歷史大事和人物，時有論列。我們可以發現，他對歷史人物的推崇或貶斥，主要以其人的節操如何為標準。他對具有氣節的人，尤其是抵禦外侮，為國捐軀的烈士，常致無上的景仰；對於漢奸貳臣，則誅伐不遺餘力。就我所知，他生平最推崇的歷史人物，要算諸葛亮、文天祥和謝枋得；此外對黃道周、顧炎武、王夫之等，也都深致敬意；這些人無一不是以氣節著稱的。他甚至對冉閔、桓溫、劉裕等也頗有獎飾之詞，可見他是如何的重視民族大義了。

　　抗戰期間，孟真先生曾作一次公開演講，要青年人效法諸葛亮。講稿至今還在，但其內容與本文沒有多大關係，故不多述。至於他對文、謝的讚揚，可以從他的〈中國民族革命史稿〉（僅成兩章，未出版）中的話看出來：

南宋之亡，雖亡於政治之不競，而其殉國之烈者，則前古所未有也。其尤難者，則文謝二公也。夫自死猶易，而置其妻子於死則不易；一時激於義憤而死猶易，十年如一日，志事一貫，不以日月之遷移而緩其初志，不以形勢全非而弛其努力，則極難矣。夫一死了事，固賢於偷生者萬萬，然君臣之節，民族之義，非可徒以一死了之者。故應奮鬥不懈，及其萬無可為，而後一死焉。文山、疊山之所為，所以照耀千古者也。自文山率勤王之師以入衛，至於死身燕市，經無窮之拙敗，終不改易初志。讀其指南錄者，頑夫廉，懦夫有立志焉。

他對文天祥的文采，也非常欽佩，尤其對文的闡發民族大義的詩文，更稱道不置，認為國人皆應熟讀。史稿又說：

天祥文采，亦為一時之盛。有指南錄，錄其勤王赴闕至海道入溫州一段之詩歌。後人更集其後此所作以續之，名指南後錄。兩書中忠義炳然，正所謂以浩氣發為文章者也，凡國人皆應熟讀之。

民國三十三年，孟真先生曾為他的兒子仁軌寫一橫幅，寫的是文天祥的正氣歌、衣帶贊和幾首其他的詩。當時仁軌不過十歲，是看不懂這些詩的，但他在跋中說出寫此橫幅的用意：

為仁軌兒書文文山先生正氣歌、衣帶贊，並以先生他詩補餘幅。其日習數行，期以成誦，今所不解，稍長必求其解。念茲在茲，做人之道，發軌於是，立基於是。若不能看破生死，則必為生死所困，所以異於禽獸者幾希矣。

12

明末諸臣，孟真先生似乎最尊重黃道周，他本人也有若干地方與道周相似。他有一個卷宗，裡面藏著道周的書畫照片。記得我在高中畢業時，孟真先生送給我一部黃石齋集，以示勉勵，可惜未能好好的讀。他最瞧不起的，要算是錢謙益。民國二十年五月，他在錢的《牧齋有學集》的封面上題了如下的幾句話：

> 此老行事奇醜，斯文之恥辱，人倫之敗類也。然三十載風流，數朝掌故，其書固不可刪，存之益彰其醜焉。

這幾句話對錢來說，我覺得是公允的。

明末遺老中，孟真先生對顧炎武是景仰的，但對與顧齊名的黃宗羲，頗多譏責。他在黃的《明夷待訪錄》中批了許多話，認為黃有逢迎滿人的意思。現在把黃的原文和孟真先生的批語一起抄錄於下：

一、

原文：何三代而下之有亂無治也！乃觀胡翰所謂十二運者，起周敬王甲子，以至於今，皆在一亂之運。向後二十年，交入大壯，始得一治，則三代之盛猶未絕望也。（序）

批語：獻諛東胡，可恥可恨。

二、

原文：冬十月，雨牎削筆，喟然而歎曰：「……大壯之交，吾雖老矣，如箕子之見訪，或庶幾焉。」（序）

批語：竟以春秋自擬，世上豈有外諸夏內夷狄之春秋哉！

三、

原文：今也天下之人，怨惡其君，視之如寇讎，名之為獨
夫，固其所也。而小儒規規焉以君臣之義無所逃於
天地之間，至桀紂之暴，猶謂湯武不當誅之，而妄
傳伯夷叔齊無稽之事。視兆人萬姓之血肉曾不異夫
腐鼠，豈天地之大，於兆人萬姓中獨私其一人一姓
乎？（原君）

批語：此篇本旨，是毀謗明朝，以勸人歸順清室也。此處點
其題矣！

關於黃的氣節，可以說從來沒有人懷疑過，惟孟真先生就其文
字，直斥其用心。先生在世時，我曾把這些批語給他的老友某先生
看，某先生不以為然，但沒有說出理由。我認為我們無妨就孟真先
生的觀點，對黃宗羲的著作作一番探討，再來評定黃究竟是怎樣的
一個人物。

鼓吹抗日

孟真先生是五四運動的健將，可知他在學生時代即是反日
的。九一八事變後，日寇侵我亟，孟真先生極感痛憤。民國二十
一年，他與丁在君、胡適之、蔣廷黻諸先生在北平合辦了一個雜
誌，叫作《獨立評論》。他在上面連續發表言論，鼓吹抗日，反對
華北特殊化，甚為日人和親日份子所忌。同年，他的東北史綱出
版。他寫這本書的目的，是根據歷史，證明東北屬於我國，以駁

斥日人「滿蒙在歷史上非支那領土」的謬論。他並在自序中說:「國人不盡無恥之人,中國即非必亡之國。」顯示出他對「不抵抗主義」者的痛恨!

這裡再說他的幾件不大為人所知的事:

民國二十一年十月,孟真先生正在北平任中央研究院歷史語言研究所所長。這時日寇侵陷東北,平津危急,在北平的一部分學人,發起設北平為「文化城」(也就是中立區)的運動,夢想以這種辦法逃避日寇的砲火。孟真先生對他們勸說無效,因此不得不申明立場。十月十二日,他寫信給當時的中央研究院院長蔡子民、總幹事楊杏佛兩先生,說明他絕未參與這種運動。原函如下:

> 子民、杏佛兩先生:北大馬叔平先生赴京,運動什麼北平設為「文化城」。此事初發起時,斯年即表示不贊成。蓋瀋陽設治安會於日軍入城以後,北平的「學者」將欲劃北平為中立區於日軍壓境之先;而為此事圖謀事,偏偏正是平日最反對外國人者,斯年實為中國讀書人慚愧也。今馬君南去,難免謂贊助者多人,故斯年有向院聲明的必要。此事研究所同人絕未與之有任何之關係,特以環境關係,未便在此明白宣言反對,私下勸告,他們皆不聽也。

後來馬等的「文化城」之夢未能實現,固然不一定與孟真先生的反對有關,但從這件事可以看出,在北方的學人中,他是最堅決的反日者。

二十二年五月,政府與日本簽訂「塘沽停戰協定」,孟真先生極表反對。六月,胡適之先生在獨立評論發表〈保全華北的重要〉一文,認為政府暫時無力收復失地,贊成華北停戰。孟真先生大怒,

要求退出獨立評論社。他對胡先生素來執禮甚恭，這次卻大大的例外，弄得胡先生非常傷感。最後由丁在君先生寫一長信給他，加以勸解，他才打消退社的意思。丁先生的長信，他始終保存著，大概作為與胡先生友情上的一點紀念吧！

二十四年，日本特務土肥原到北平，與宋哲元幕中的親日份子蕭振瀛勾結，（孟真先生一直說蕭是漢奸，國人有同感者也不少，近來又有人說他不是漢奸。但說他是親日份子，大概不會冤枉他。）企圖造成冀察乃至華北五省的「特殊化」。同年冬天，由蕭邀集北平教育界人士談話，席間蕭以各人的安全問題為威脅，想迫使他們就範。孟真先生起立陳辭，把蕭大罵一頓。結果大家一鬨而散，粉碎了蕭的陰謀。接著北平教育界組織起來，在手無寸鐵的情況為國苦鬥，直到七七事變。當時我正在北平上初中，孟真先生罵蕭的事，在學校中傳誦一時。

孟真先生不常作詩，尤其是舊詩。他在北京大學作學生時，雖曾發表過幾篇新詩，舊詩則在抗戰前似乎沒有人見過。但在抗戰期間，為了景慕忠烈，他曾破例作了幾首舊詩。民國二十七年末，山東省專員范築先生戰死聊城，孟真先生曾寫了四首詩哀悼他：

> 受到孤危際，撫民水火中，歃血召英俊，誓死奏膚公。
> 郡陷廿城在，北門管鑰通，方期收河朔，何意殞方戎。
>
> 東郡百戰地，勝節著當年，古有禦胡守，平原與常山。
> 阻寇遏其勢，王師於以旋，一門多忠烈，顏范應俱傳。
>
> 島夷成弩末，中乾徒外強，逆賊爭腐鼠，變亂起蕭牆。
> 國軍正東顧，億兆擔壺漿，北定中原日，太牢告國殤。

立國有大本，亮節與忠貞，三齊多義士，此道今不傾。
一死泰山重，再戰濁濟清，英英父子業，百世堪儀刑。

二十九年，張自忠將軍戰死於襄陽。三十三年，張將軍殉國四周年，孟真先生也有詩追悼，題曰〈悲歌〉，詩句如下：

泰山重一死，堂堂去不回，身名收馬革，風日慘雲雷。
忠義猶生氣，艱難想將才，中原誰匡濟，流涕楚郢哀。

這首詩本是陳槃菴先生代作，但經過孟真先生的刪改。現在把陳先生原作也抄在下面，以供愛好舊詩的讀者來品評。陳詩是：

一死能明恥，堂堂去不回，身名收馬革，江漢慘雲雷。
忠義猶生氣，艱難想將才，中興誰共濟，流涕楚郢哀。

此外孟真先生還想為張將軍作一年譜，曾與張將軍的令弟自明先生商洽過多次，可惜因事忙，始終未能了卻這樁心願。

民族問題的討論

談到中國民族問題，孟真先生始終堅持著「中華民族是一個」的原則。他認為中國民族自古至今經常與外族同化，合成一體，中國境內現雖仍有若干種族，但也正在同化混合的過程中，不足影響中國民族的整體性。他對某些學者的巧立名目，強分中國為若干民族，表示不滿。他認為政治固不應支配學術，但如果某種學術對國家民族有危害的可能，政府以取締。

民國二十八年，孟真先生住在昆明，他的老友顧頡剛先生也在昆明，為益世報主編邊疆附刊。孟真先生便曾寫信給顧，本著這個原則，勸顧對於民族問題的討論，必須謹慎。信中說：

> 有兩名詞，在此地用之，宜必謹慎。其一為「邊疆」。夫「邊人」自昔為賤稱，「邊地」自古為「不開化」之異名；此等感覺雲南讀書人非未有也，特雲南人不若川粵之易於發作耳。其次即所謂「民族」。猶憶五六年前敝所刊行凌純聲先生之赫哲族研究時，弟力主不用「赫哲民族」一名詞。當時所以有此感覺者，以「民族」一詞之界說，原具於「民族主義」一書中，此書在今日有法律上之效力，而政府機關之刊物，尤不應與之相違也。今來西南，尤感覺此事政治上之重要性。夫雲南人既自曰：「只有一個中國民族」，深不願為之探本追源；吾輩羈旅在此，又何必巧立各種民族之名目乎！今日本人在暹羅宣傳桂滇為泰族 Thai 故居，而鼓動其收復失地。英國人又在緬甸拉攏國界內之土司，近更收納華工，廣事傳教。即迤西之佛教，亦自有其立國之邪說。則吾輩正當曰「中華民族一個」耳。此間情形，頗有隱憂，迤西尤甚。但當嚴禁漢人侵奪蕃夷，並使之加速漢化，並制止一切非漢字之文字之推行，務於短期中貫徹其漢族之意識，斯為正圖。如巧立名目以招分化之實，似非學人愛國之忠也。基此考慮，以數事供之吾兄。
>
> 一、邊疆附刊之名，似可改為「雲南」、「地理」、「西南」等，邊疆一詞廢止之。

二、此中及他處，凡非專門刊物無普及性者，務以討論地理、
　　經濟、土產、政情等為限，莫談一切巧立名目之民族。

三、更當盡力發揮「中華民族是一個」之大義，證明夷漢之
　　為一家，並可以歷史為證。即如我輩，在北人誰敢保證
　　其無胡人血統，在南人誰敢保證其無百粵苗黎血統，今
　　日之雲南，實即千百年前之江南巴蜀耳，此非曲學也。
　　　　日前有人見上期邊疆，中有名干城者，發論云：「漢人
　　殖民雲南，是一部用鮮血；來寫的爭鬥史。在今日，邊地夷
　　民，仍時有叛亂事情。」所謂鮮血史，如此人稍知史事，當
　　知其妄也。有人實不勝駭怪。弟甚願兄之俯順卑見，於國家
　　實有利也。

　　顧先生接受孟真先生的勸告，因而著論對「中華民族是一個」
的理論加以闡發，但引起「民族學家」雲大教授吳文藻的不滿，
吳命他的學生費孝通加以反駁，說中華民族不是一個。孟真先生
認為吳費的言論，將在雲南發生不良的影響，因吳是中英庚款董
事會派到雲大去的，乃致函此會的董事長朱騮先、總幹事杭立武
兩先生，希望將吳他調，以免發生事端。在這封信裡，孟真先生
反覆申論吳等見解的錯誤、及流弊，原信甚長，現在把重要的部
分抄錄如下：

　　先是頡剛在此為益世報辦邊疆附刊，弟曾規勸其在此少
　　談「邊疆」「民族」等等在此有刺激性之名詞。彼乃連作兩
　　文，以自明，其一；論「中國本部」之通。其二，論中華民
　　族是一個。其中自有缺陷，然立意甚為正大，實是今日政治
　　上對民族一問題惟一之立場。吳使其弟子費孝通駁之，謂「中

「國本部」一名詞有其科學的根據；中華民族不能說是一個，即苗、猓玀皆是民族。一切帝國主義論殖民地的道理，他都接受了。頡剛於是又用心回答一萬數千字之長文，以申其舊說。

欲知此事關係之重要，宜先看清此地的「民族問題」。此地之漢人，其祖先為純粹漢人者本居少數，今日漢族在此地之能有多數，乃同化之故。此一力量，即漢族之最偉大處所在，故漢族不是一個種族，而是一個民族。若論種姓，則吾輩亦豈能保無胡越血統。此種同化作用，在此地本在進行中。即如主席龍雲、猓玀也，大官如周鍾嶽，民家也；巨紳如李根源，僰夷也。彼等皆以「中國人」自居，而不以其部落自居，此自是國家之福。今中原避難之「學者」，來此後大在報屁股上做文，說這些地方是猓玀，這些地方是僰夷……更說中華民族不是一個，這些都是「民族」，有自決權，漢族不能漠視此等少數民族。更有高調，為學問作學問，不管政治，……。弟以為最可痛恨者此也。

此地正在同化中，來了此輩「學者」，不特以此等議論對同化加以打擊，而且專刺激國族分化之意識，增加部落意識。蓋此等同化之人，本諱言其淵源，今言之不已，輕則使之生氣，重則使之有分離漢人之意識，此何為者哉！夫學問不應多受政治之支配，固然矣。若以一種無聊之學問，其惡影響及於政治，自當在取締之例。吳某所辦之民族學會，即是專門提倡這些把戲的。他自己雖尚未作文，而其高弟子費某則大放厥詞。若說此輩有心作禍，固不然，然以其拾取「帝國主義在殖民地發達之科學」之牙慧，以不了解政治及受西

20

洋人惡習太深之故，忘其所以，加之要在此地出頭，其結果
必有惡果無疑也。

孟真先生對民族問題所持的觀點，自然不為某些「為學問而學
問」的民族學者所同意，但如果我們對中華民族的演進歷史稍有認
識的話，便知道孟真先生的見解，實在是不易之論。而他在信中所
流露的愛國家愛民族的苦心，更當為我們所體會。在《中國民族革
命史稿》中，孟真先生對中華民族的演進及特性，有更精密的論述，
將在後面詳加介紹。

中國民族革命史稿

《中國民族革命史》是孟真先生未完成的著作，而且從來沒有
發表過，因此暫名為《中國民族革命史》（以下簡稱「史稿」），它
大致是民國二十七年秋天到次年春天的一段時間內在昆明寫成
的。史稿原分若干章，不得而知，寫成的只有第一章「界說與斷限」
和第四章「金元之禍及中國人之抵抗」，共約兩萬字。第一章在當
時已經謄清，第四章則未成定稿，尚待整理。孟真先生撰寫史稿的
時候，正值抗日戰爭最艱苦的階段。史稿的內容，是以歷史為根據，
說明中華民族的整體性及其抵禦外侮百折不撓的民族精神，用以鼓
勵民心士氣，增強國人的團結和民族自信心。

在第一章中，孟真先生認為中華民族雖在民在名詞上有漢、
滿、蒙、回、藏等族，但事實上實為一族。滿清的祖先，乃明代的
土司，漢化本已甚深。努爾哈赤造反之初，建州部的女真人不過數

萬，在他們的隊伍中，漢人和高麗人，恐怕超過半數。滿州的若干
姓氏，最初都是漢姓，後來才強行泯除漢字的痕跡。（如瓜爾佳即
關家，章佳即張家等）清代諸帝如康熙、嘉慶、道光，都是漢女所
生，也可以證明滿人與漢人的混合，雖皇帝亦不例外。現今滿人在
生活、語言、宗教上均與漢人無殊，因此都已成為漢人。至於蒙、
藏和一部回人（纏回），雖然自有其語言文字，但他們與中國在同
一政治組織中已有數百年，血統甚多混合，利害完全一致。他們與
漢人同屬大陸人種，他們所信仰的佛教和回教，也都是漢人的宗
教。因此蒙、藏、纏回，可算是中華民族的支派。

根據這些史實，孟真先生詳論中國同化力的偉大。他並且指
出，滿蒙等族，在昔雖為寇仇，但今日既融合於一大民族之中，便
是兄弟。史稿說：

> 漢族一名，在今日亦已失其邏輯性，不如用漢人一名
> 詞。若必言族，則皆中華民族耳。夫族之所以為族者，
> 以其血統相貫，如家族之擴充耳。然漢人之偉大處正在其
> 血統不單元，歷代之中，無時不吸取外來之血脈，故能智
> 力齊全，保其滋大。無論今日劉、李、張、王各大姓，在
> 歷史上每是胡人所用之漢姓，在今日已泯其一切外來之踪
> 跡；即如金之一姓，本是匈奴；汪之一姓，在唐尚是徽州
> 之土司；福建之薩、蒲諸姓，則元代之色目人也。且姓者
> 最多不過父系之標幟耳，而中國人聯婚，最少限制，兼以
> 多妻之故，一切人皆混合至於飽和度。今日之北人，誰敢
> 保其無胡人血統？今日之南人，誰敢保其無蠻越血統？故
> 滿洲人在今日變為漢人之情況，即元氏在唐代變為漢人之

情況也。今日西南若干部落中人變為漢人之現象,即我輩先世在千年前經過之現象也。

此一無形而有質,常流而若不見之經程,所以延長漢人之命脈者也,所以增加害人之數量者也,所以使漢人永久適於新環境,經天擇而愈優勝者也。瀏覽歷史,文化武功上特出之人物,無代無之,所謂「太山不讓土壤,故能成其大;河海不擇細流,故能就其深」也。故今日之全數收納舊滿人,而通話西南各部落人,乃中國史四千年不斷之工作,非今日之特殊現象。然則論原始論現事,與其曰漢族,毋寧曰漢人,名實好合也。若必問其族,則只有一體之中華民族耳。

明乎此義,則知當年漢人與之鬥爭之民族,古以匈奴。鮮卑為重,今期一部分入漢人中矣,世上無其代表矣,後世以蒙古為甚,今則同在中華民族大一統之範圍中為兄弟矣。若滿洲人則已變為漢人矣。今寫此書,不諱當年蒙漢之爭者,以其本不必諱。當時為敵國,蒙古人未以中國人自居,則中國決不能甘其征服;今日蒙古人亦是中國人,滿洲人且同化為漢人,則亦一家兄弟,何此僵爾界之有哉!

同章中,孟真先生對中國民族的特性,也有詳細的闡述。並特別強調中國雖有時亡國,但其民族意識永遠不能消滅;中國雖有時也呈現虛弱,單一旦政治領導得人,則可由極弱變為極強。史稿說:

一、中國民族者,不以侵略人為是,而亦不甘侵略之民族也。夫在中國之盛世,固曾南征北伐,拓地千里,然歷代儒者,無不以為非是。雖世上希有之英雄如秦皇、漢

武者，在歐洲必為萬世崇拜之人，在中國轉為千年指摘之的。故秦漢之後，拓地者希，僅有盛唐初明之兩見耳。以如此眾多之民族，如此廣漠之疆土，竟肯安居於大海之內，朔漠之南，不謂為酷好和平不可也。即漢武唐太之北向撻伐，亦是抵禦的、反攻的戰爭，非過自我先之侵略戰爭也。然而好和平與甘侵略非一事，和平固我先民之所好，侵凌則非我先民之所甘。漢室初建，匈奴百般欺凌之，歷高后、文、景三代，儘量忍受。及乎孝武，遂張撻伐。迄於孝宣，單于稽顙，於是大怨雪矣。光武中興，匈奴又利用沿邊敗類以寇中國，光武收其降人，竇憲滅其侵我者，可謂恩威並施者矣。李唐初建，稱臣突厥，及太宗即位，數年之間即使之臣服。北宋亡於女真，南宋乃連兵蒙古以滅之於蔡州。南宋亡於蒙古，及元順帝，四方民兵蜂起，以復宋為口號。凡此皆不甘侵凌之例也。

二、中國民族者，雖亦偶為人滅其國，卻永不能為人滅其民族意識，縱經數百年，一旦得環境之遷易，必起而解脫羈絆也。元至順帝初，滅金百餘年矣，其滅宋八十年矣，中原之地漢人失其政權者二百餘年矣，然而漢人永不忘此。及元政一衰，淮上之兵蜂起，湖廣之變頻作，元卒以亡，中國卒以再興。滿清至光宣時，明亡二百五十年矣；中國士大夫階級，久為滿人所用，且嘗助之以滅太平天國矣。及歐風東漸，清廷屢辱，而革命思想立即深入於各階級中，尤以少年為甚。於是顧亭林、王船山、呂晚村諸先生所昭示後人者，渙然流行，速於置郵而傳

24

命，此其所謂「野火燒不盡，春風吹又生」者耶？識乎此，則知中國民族，乃永不甘於滅亡之民族也。

三、中國民族者，永不忘其失地者也。晉室南遷，亦曾苟安於建康矣，然而北伐之念，無世無之。豪雄借此以為爭奪政權之術，而世上清議，亦以為能光復故物者，即有獲取大寶之資格，桓氏、劉氏皆深解此察者也。唐之亡也，經五代之亂而失燕雲十六州於契丹，北宋於此念念不忘，卒以謀之不周而取大禍，然亦可徵其不忘失地矣。南宋右文偃武，世稱不競，然京邑之復，永不忘於心；只以高宗、秦檜輩心術不正，坐失機會，而其後更再三為權奸誤國耳。又如隋唐之圖高麗，儒生每謂其得不償失，不知高麗本是遼東、玄菟、樂浪、高句驪數郡所治，在漢久列版圖之內，其民亦為編戶之民，隋唐之圖，乃收復失地也。明之於安南亦然。是足徵中國人永不忘其失地也。（今日朝鮮、越南，各有其語言，與昔不同。中國人應助其獨立，無人欲再郡縣之也。）

四、中國民族，雖有時以政治紊亂故，頓呈虛弱之象，然一旦政治有方，領導得人，可由極弱變為極強。舉例言之，唐之初建，中國不可謂強，然太宗之世，逐統一戎夏。明之初建，起於民間，非經制之兵，久練之旅，其騎兵尤非蒙古之比。然一旦據有北平，即能制勝於漠南，東開遼瀋，至於海濱。迄於成祖，安南置布政使，努兒干置都司（努兒干在今混同江入海處），雖漢唐之盛，何以加焉。此猶興國之事也，請再言其衰世。晉南渡之後，內亂頻仍，衰弱極矣，然一有桓溫領導，亦可躍馬河洛，

　　符堅南侵，晉之不能當至顯也，然有謝安為之布置，乃
大敗之。及劉裕挺出，集殘兵以成勁旅，北向無敵矣。
宋之初渡江也，無兵可用，而湖廣之地盜賊不可制。然
久戰武力漸盛，逆亮遂不能渡江矣。其後在孟琪時為尤
強，北宋自太宗以後所無也。其亡也，亡於奸臣誤國耳，
非無可用之兵也。然則中國非真弱者也，有時不幸以政
治之紊亂而弱耳，然其強而有力之潛伏性自在也。一旦
得其領率之人，納民於軌物，教兵以義戰，可由極弱突
變為極強，漢、唐、明之興，皆如此也。

　　識此四義，以瞻望將來，則我民族之人，但能同心協成，
竭力自奮，將來之光明，必有不減於漢唐之盛者也。

　　以上所引論中國民族的整體性和特性的幾段文字，實為孟真
先生民族思想的精義所在，至今仍有振敝起懦的作用。因此詳
加介紹，希望對抱有民族自卑感或民族自虐狂的人，略具針砭的
功效。

屏除偽教職員和檢舉漢奸

　　民國三十四年八月日本投降後，孟真先生出任代理北京大學校
長。抗戰期間，政府把北京、清華、南開三大學合組為西南聯合大
學，遷設昆明，繼續上課。及至抗戰勝利，西南聯大解散，三大學
遷回平津。數千員生和龐大校產的長途遷移，其困難自可想見，但
北大比起清華、南開。更多了一個難題。就是當平津淪陷期間，敵

偽在北平的北大舊址，另設了一個偽北大，抗戰勝利後，偽北大尚
有員生數千人，無法安置。教育部乃在北平設立補習班，由陳雪屏
先生主持，收容偽北大學生，並徵調一批偽教職員暫時維持課業，
徐求解決的辦法。但這批偽教職員，組成團體，到處請願，要求北
大遷回後繼續留用。加以若干到平的中央大員，往往對偽教職員濫
示同情以市惠，因此更增加了他們的氣燄。

　　孟真先生為了保持北大的清潔，於同年十月在重慶發表聲明，
說北京大學決不錄用偽北大的教職員。十二月，他在重慶再度發表
聲明，重申不用偽員的決心。聲明的要點是：

> 一、專科以上學校，必須要在禮義廉恥四字上，做一個不折
> 不扣的榜樣，給學生們、下一代的青年們看看。北大原先是
> 請全體教員內遷的，事實上，除開周作人等一二人之外，沒
> 有內遷的少數教員。也轉入輔仁、燕京任教。偽北大創辦人
> 錢稻蓀，則原來就不是北大的教授。所以現在偽北大的教
> 授，與北大根本毫無關係。二、朱部長（騮先）向我說過，
> 偽北大教員絕無全體由補習班聘請任教之事，而係按照陸軍
> 總部徵調敵偽人員服務辦法，徵調其中一部服務，不發聘
> 書，與北大亦無關係。三、北大有絕對自由，不聘請任何偽
> 校偽組織之人任教。四、在大的觀點上說，如本校前任校長
> 蔣夢麟先生，明春返國的胡適校長，北大教授團體及渝昆兩
> 地同學會，和我的意見是完全一致的。無論現在將來，北大
> 都不容偽校偽組識的人插足其間。

他並且說：

人才缺乏是事實，從別的方面考慮徵用未嘗不可，但學校是陶冶培植後一代青年的地方。必須要能首先正是非，辨忠奸。否則下一代的青年不知所取，今天負教育責任人，豈不都成了國家的罪人？聽說燕京大學對於原校教授參加偽北大者一律解聘，個人非常佩服。假如我們北大尚不能做到這一步，那真沒有臉見燕京的朋友了。

他又說：

青年何辜，現在二十歲的大學生，抗戰爆發時還不過是十二歲的孩子，我是主張善為待之，予以就學便利。其實在校學生當以求學問為第一，教授的好壞與學生有直接關係，據我所知偽北大文理法三院教授的標準，就學問說，也不及現在北大教授的十分之一。很快的北大明夏就要遷返北平了，以北大資格之老，加上胡適校長的名望，一定能夠聘到許多第一流的教授。所以偽校教員不用，對學生是絕對有利的。這一點朱部長也再三表示支持，相信北平的青年學生，也不會輕易受人欺騙。

最後他說：

這些話就是打死我也是要說的！（見民國三十四年十二月八日北平「世界日報」）

孟真先生的兩次聲明，在北平引起甚大的騷動。偽教職員以罷課為要挾，不承認「徵調」並向北平行營主任李宗仁請願，鬧得烏煙瘴氣。偽北大教授容庚並在報端發表致孟真先生的公開信，為偽

員辯護。信中說他本人所以留在北平的原因是：「日寇必敗，無勞跋涉，一也。喜整理而拙玄想，舍書本不能寫作，二也。二十年來搜集之書籍彝器，世所希有，未忍舍棄，三也。『不曰堅乎，磨而不磷；不曰白乎，涅而不緇。』素性倔強，將以一試余之堅白，四也。」做偽教員的理由則是：「淪陷區之人民，勢不能盡室以內遷；政府軍隊，倉皇撤退，亦未與人民以內遷之機會。荼毒蹂躪，被日寇之害為獨深；大旱雲霓，望政府之來為獨切。我有子女，待教於人；人有子女，亦待教於我；則出而任教，余之責也。策日寇之必敗，鼓勵學生以最後勝利終屬於我者，亦余之責也。」又說：「堅苦卓絕，極人世悲慘之境，果何為乎？固知吾國之不亡，教育之不當停頓，故忍受而無悔也。漢奸乎？漢忠乎？事實具在，非巧言所能蒙蔽者。」（見民國三十四年十一月七日北平正報）。容的話雖然荒唐可笑，但在偽教職員看來，則是至理名言，同時也頗能博得一般不明大義的人的同情。

在這種情形下，孟真先生想貫徹他的主張，自然不是一件容易的事，但他憑了他的勇氣和毅力，加以政府的堅決支持，終能使北大在北平順利復課。原來偽北大的學生，經過甄試，有一部分進入北大，繼續求學。至於偽教職員，則始終未能達到他們的目的。三十五年春，蔣主席（今總統）到平，孟真先生陪他遊文丞相（天祥）祠，並在祠中正殿的「萬古綱常」匾額下，共攝一影。這等於告訴北方的偽員漢奸們，蔣主席視民族氣節，對背叛國家的人是不會輕恕的。而這件事也給予孟真先生一種精神上的甚大支持。

北平是北方漢奸的淵藪，抗戰勝利後，政府雖曾在北平逮捕大批漢奸，但其狡黠者，往往假造證據，自稱曾參與地下工作，於國有功。甚至少數不肖的政府官吏，也為他們說情。因此政府對漢奸

的處置，有些地方不能令人滿意。例如偽北京大學校長鮑鑑清附敵有據，而河北高等法院判決其無罪，以致輿論譁然。孟真先生乃於三十五年七月，搜集鮑的四項罪行證據，向河北高等法院提出抗告。並於同月十七日致函當時的司法行政部長謝冠生先生，說明他對審判鮑鑑清及巨奸王蔭泰等的意見，原信如下：

　　冠生先生部長左右：關於北平漢奸懲治事件，有三事不獲已上陳，敬乞台察。

一、報載偽北京大學校長鮑鑑清在河北高院判決無罪，至堪駭異。查鮑逆神通廣大，早經保釋，今復判決無罪，實留學術界莫大之隱患。該逆在偽職任內，勾結日寇，在偽校遍布日本顧問及特務，以實行奴化政策，何得無罪？北平情形特殊，漢奸勢力不小。此案仍待最高法院覆判，擬請大部依據成例，提來首都覆審，以正是非，而申國紀。否則「無罪」之例一開，後患不堪設想矣。除呈最高法院外，謹此奉陳。

二、巨奸王蔭泰正在蘇高審判，該逆逢迎日寇意指，擠走其前任而代之，變本加厲，即以獻糧獻物資為約。在其任內，剝削華北民食，使人吃「混合麵」。更大搜五金，故宮銅缸，歷史博物館古炮，皆彼搜羅，獻出凡數百萬斤。故王逆揖唐、王逆克敏之罪惡，尚不足以比之。擬請大部特予注意，盡法懲治，以伸華北人民之憤。

三、文化漢奸錢逆稻蓀，在北平有特殊勢力，似可一併調京審訊。

　　以上各事，關係國法人紀，故敢負責上陳，至荷。

其後鮑鑑清由河北高等法院機察官聲請再審，結果如何，現無資料可查。王蔭泰似乎被判重刑，但未處死。錢稻蓀被處何刑，亦已不復記憶。此外孟真先生對偽新民會副會長張燕卿的判決無罪，也曾公開表示不滿。據說張曾為政府做地下工作，因而將功折罪。但孟真先生認為張在華北的罪行，僅次於三王（王克敏、王揖唐、王蔭泰）地下工作即使有些一說，亦只能據以減刑，而不能全部免罪。張如不繩之以法，其他漢奸均可不予治罪。

從上面的事，可以看出孟真先生對偽員漢奸態度的嚴正和立場的堅決。北平的報紙曾說他對偽教職員抱有一種「不共戴天的忿怒」，雖是句玩笑話，卻頗能傳神。自然也因此得罪許多人，但他一切不顧。他曾說：「我知道恨我的人一定很多，但我卻不作鄉愿！」

「不作鄉愿！」實在是今日每個讀書人所應牢記的一句話！

俄國暴行的抨擊

孟真先生對於俄國，無論是帝俄或蘇俄，都從來沒有恭維過。抗戰以前，日本侵我最亟，因此他的言論以鼓吹抗日為重心。抗戰初起，中蘇關係甚佳；太平洋戰爭發生後，中蘇更成為「盟邦」。因此他雖然沒有稱頌過蘇俄，卻也沒有公開攻擊過。抗戰後期，蘇俄對中國的野心日熾，孟真先生礙於「邦交」，仍然沒有對蘇俄作明顯的指責，他只是在他的文章中，委婉的告訴國人，蘇俄將來必為中國的大患，以喚起國人的注意。這可以他的〈戰後建都問題〉一文為例。

　　民國三十二年下半年，抗日戰爭已入坦途，國人多憧憬著戰後的美麗遠景。因此後方的若干學人，提出了戰後的建都問題。參加討論這個問題的學人極多，大家紛紛提出意見，有的主張戰後遷都北平或西安，有的主張仍都南京，此外還有各種不同的看法。是年十一月二十九日，孟真先生在重慶《大公報》發表〈戰後建都問題〉一文，主張戰後遷都北平。他主張遷都的理由很多，但最主要的，便是遷都北方可以全力抵制蘇俄。他認為都城應設在全國軍略上最要害之地，而戰後全國軍略上最要害之地，必在北方。因為百年「海禍」，將以抗戰告終，但在陸地上，則問題決不簡單。國人應鼓起勇氣，效法漢唐定都長安的精神，把國都放在與強鄰接近的地方。文中說：

　　　強大的蘇聯，與我們工業化的基礎地域接讓，這個事實使得我們更該趕快工業化這個區域。我們的頭腦，理當放在與我們接壤最多的友邦之旁，否則有變為頑冥之處。大凡兩個國家，接觸近，較易維持和平；接觸遠，較可由忽略而無事生事。遠例如宋金，本是盟國，以不接頭而生侵略。近例如黑龍江之役，假如當時政府在北平，或者對那事注意要多些吧！

又說：

　　　北平以交通發達之故，可以控制東三省，長城北三省。其地恰當東三省，長城北三省（熱河、察哈爾、綏遠），華北四省（冀、豫、魯、晉）共十省之大工業農牧圈之中心。這個十省大工業農牧圈，是中華民國建國的大本錢，有這

十省，我們的資源尚不及美蘇與大英帝國；沒有這十省，我們決做不了一等國家，決趕不上法德，只比意大利好些而已。

又說：

若照東漢安樂主義的辦法，便在南京住下好了；若有西漢開國的魄力，把都城放在邊塞上，還是到北平去。不過，不求安樂者，子孫有時可以得到安樂；求安樂者，每不得安樂。個人國家皆是如此的。

文中雖然仍稱蘇俄為「友邦」，但通篇的立意則是非常明顯的。

這篇文章發表後，曾有若干讀者與孟真先生通信，討論這個問題。其中有位鄭君，在談到中國近代的外患時，認為日、英、法三國為中國的大仇。孟真先生在回信中要他不要忘記俄國，並告訴鄭君許多俄國（包括帝俄和蘇俄）、侵略中國屠殺華人的史實。信中說：

請你看誰併了中國領土最多？以西北論，不特藩邦皆亡於俄，即伊犁將軍的直接轄境，亦以「回亂」、「代管」一幕中喪失其一半。你看現在的地圖，不是伊犁直在邊界上嗎？那個地方不是有一個陷角嗎？原來的疆土巴爾喀什湖在內。再看東北，尼布楚條約（康熙朝）中俄分界，以北冰洋、太平洋之分水嶺為界，所以全個的俄屬東海濱州、黑龍江州，是中國的直接統治區域。其中雖地廣人稀，但漢人移居者已不在少數，在咸豐間已遭屠殺。而愛琿一地，所謂江東六十四屯，其居民（多是漢人移民者）在庚子年幾乎全數被俄國馬

隊趕到江裡去，留下幾個解到彼得斯堡（今列寧格勒）。試看東海濱州、黑龍江州的幾個俄國大城，那一個不有漢名？（如伯力、廟街、海參威等等。）那時候這些地方已經有不少移民，而一齊殺戮。這些地方，在清朝政治系統上是與中國內地一般直接的。所以你所恨「日、英、法」一個次序，至少把俄國加入吧！

又說：

蘇俄革命時，中國人在俄境者尚有數十萬，史達林在清黨中，全數遷到 Kharsakstan 或以西，下落全不明瞭，你知道嗎？這些人有許多在蘇聯建過功勳，蘇波戰事中，中國人有十幾萬。

如果拿這封信與〈戰後建都問題〉一文相互參看，則孟真先生寫此一文的主旨，更表露無遺。

三十四年二月，羅斯福、邱吉爾與史達林會於雅爾達。英美為求蘇俄於德國失敗後對日作戰，不惜出賣中國，與蘇俄簽立密約，允許蘇俄於戰後恢復帝俄時代在我國東北的權益。我政府迫於時勢，曲予容忍。同年八月八日，蘇俄對日宣戰，進攻東北。十四日，日本投降。也就在這一天，《中蘇友好條約》成立，這條約以雅爾達密約為藍本，喪失了我國東北的許多利權。繼而俄人佔領東北全境，拆運價值二十億美元的機器，其軍隊劫掠殺燒，無所不為。並且拒不撤兵，積極扶持中共。三十五年二月十一日，雅爾達密約正式公布。其後不久，孟真先生與王雲五先生等共二十人，聯合在各報發表宣言，抗議這個秘密協定。其中除譴責英美，並痛斥蘇俄欺

騙世界的偽行及其帝國主義的野心。同時促請政府,對俄採取堅強的步驟。宣言說:

> 蘇聯在雅爾達會議中的要求,完全違反對侵略的法西斯國家共同作戰的目的。違反列寧先生與中山先生共同建設中蘇友愛的新基礎。違反蘇聯多次的對外宣言,尤其是對華放棄帝俄時代不平等條約的宣言。違反大西洋憲章以來各重要文件的精神。蘇聯所標榜的打倒帝國主義,然則今日蘇聯要求恢復其「俄羅斯帝國的權利」,又何以自解?蘇聯乘人之難,提出這種要求,其異於帝俄對中國之行為者何在?這種行為難免速成今後世界戰禍的因素。為中國,為世界,我們不得不提出嚴厲的抗議。

又說:

> 中國政府應將這一問題及最近東北各種震驚人心的發展全部公開,要求聯合國調查,用以杜絕今後任何可能類此的秘密外交,並以避免東北重為世界大戰的因素。關於目前的局勢,中國政府除在蘇聯同樣履行其條約義務的條件下,履行其所簽訂的中蘇條約中所應履行的義務外,不得再有任何喪失國家主權及利益的行為。

這時國人對蘇俄在華的暴行,同聲憤慨。二月二十二日,重慶學生遊行,要求俄軍立即撤出東北,各地學生紛起響應。二十五日,孟真先生又在《大公報》發表〈中國要和東北共存亡〉一文,堅決反對東北政治經濟的特殊化和外傾化以及疆域的分割化。並強調中國沒有了東北,中國必永為貧、病、愚之國。中國應「不惜為東北

死幾千萬人，損失國民財富十分之九，不惜為東北賭國家之興廢，賭民族之存亡。」這篇文章，在當時頗有鼓舞人心的作用，曾引起中共及其同路人的譏評。由於國人的憤怒與輿論的一致指責，俄軍終於三月撤出東北。

對於中共，孟真先生認為他們是蘇俄的「第五縱隊」，他曾在一篇文章中說，如果中共打下南京，蒙古歐亞混同時代的局面便會立即出現。抗戰期間，中共對他甚為拉攏，至他對東北問題表示態度，中共知道拉攏無效，乃命令一些尾巴報紙（如上海《文匯報》、《評論報》等）對他百般誣衊。其實孟真先生所發表的各種對時政局的言論，全基於愛國心與正義感，其間何嘗存有絲毫的自私企圖。當三十五年他抗議蘇俄暴行的時候，政府正準備請他出任國府委員，他於三月二十七日寫給蔣主席一信，堅辭不就。孟真先生於信中自稱他的性格，不適於做官，今後仍願以在野之身，為國努力。原信如下：

> 主席鈞鑒：頃間侍座，承以國府委員之任諄諄相勉，厚蒙眷顧，感何有極！斯年負性疎簡，每以不諱之詞上陳清聽，既恕其罪戾，復荷推誠之加，知遇之感，中心念之。惟斯年實一愚戇之書生，世務非其所能，如在政府，於政府一無裨益，若在社會，或可偶為一介之用。蓋平日言語但求其自信，行跡復流於自適，在政府或可為政府招致困難，在社會偶可有報於國家也。即如最近東北事，政府對蘇聯不得不委曲求全，在社會則不妨明申大義，斯年亦曾屢屢公開之。此非一旦在政府時所應取，然亦良心性情所不能制止，故絕非政府材也。參政員之事，亦緣國家抗戰，義等於徵兵，未敢不來。

今戰事結束，當隨以結束。此後惟有整理舊業，亦偶憑心之所安，發抒所見於報紙，書生報國，如此而已。斯年久患血壓高，數瀕於危，原意戰事結束，即赴美就醫，或須用大手術。一俟胡適之先生返國，擬即就道，往返至少三季，或須一年。今後如病不大壞，當在草野之間，為國家努力，以答知遇之隆，萬懇鈞座諒其平生之志，從其所執，沒生之幸。

孟真先生的為人，國人知之已詳，本不必多論。但這封信可以使人對他有更進一步的了解。

孟真先生一向被人目為自由主義者，但強烈的國家觀念和民族意識在他的思想中至少佔有同樣重要的地位。所以他與某些國家民族觀念薄弱甚或等於零的自由主義者，是不能相提並論的。

（原載《傳記文學》第二卷第五至六期）

回憶幼年時代的傅校長

英千里

我與傅校長共事，是在最近的兩年內——自去年一月他來臺灣任臺大校長至本月二十日他逝世的那一天。但是在他的一般朋友中，我相信我是認識他最早的一個。我們倆初次會面時，到現在已有四十多年了。

在前清末年，先父斂之公在天津經理《大公報》，與一位飽學的進士侯雪舫老先生，交往莫逆。侯老先生每次路過天津，就住在我們家裡。有一次他說他家鄉裡有一個外甥名傅斯年，是一個極聰明極堪造就的孩子。中國的舊書雖然讀了不少，可惜在鄉間沒有得新學識的機會。侯老先生把這位外甥的幾篇作文給先父及其他的朋友傳看，大家都很賞識這孩子的天才；並極力勸侯老先生把他帶到大都市裡，來進「洋學堂」，受「新教育」。於是侯老先生在宣統元年，就把他這聰明而好學的外甥帶到了天津。那時天津的「洋學堂」，高級的有北洋大學堂，中級的有天津府第一中學堂，南開學堂及教會辦的新學書院三處，傅先生考入了天津府立中學。當時學校尚無宿舍，他就住在我家裡。那時他年齡十四歲，我才九歲。幾個月以後，學校有了宿舍，他就搬進去了。可是每逢假期，他必到我家裡來看望。過了些時，他轉學到北平，我們倆也就不常會面了。

他住在我家的時候，我同他並不很親密，因為在我一個九歲的頑皮孩子的眼裡，看這位十四歲的傅大哥是個魁偉而莊嚴的「大人」。他每天下了學除了溫習功課外，就陪著先父談論一些中外時局或經史文章。絕不肯同我這「小豆子」玩耍或淘氣。所以我對他只有一種「敬而畏之」的心理。這種心理，雖然經過了四十年，我還沒有完全撇掉。先母是最喜歡傅大哥的，說他聰明而老成。我家是天主教徒，因此先母常給他講教義，並在星期日帶他進教堂。他雖然未入教，但是他一生對於教會人士好感，也未嘗不是因為受了先母的薰陶。

到了民國二年，我赴歐洲留學，一去前後共十二年，對於幼時的傅大哥，也就漸漸的遺忘了。回國後，先母先父，在年餘之間，相繼謝世。一直到民國十六年——國民政府統一了中國之後——才得在北平某宴席上與傅先生重逢，是由先父的老友沈兼士先生給我們介紹的。交談之後，才把幼時的舊事一一的追憶起來。此後二十餘年之間，我們兩雖未共事。但始終不斷的維持著私人的來往及友誼。去年一月間，北平淪陷，我困在上海不能回去，他就邀我來臺大授課。萬想不到，正在他積極推展為國家民族最高尚最需要的大業時，他就突然與世長離了。對他我們可以說：「他是站著死的」（Moritusstoms）。關於他生時對學術的貢獻。死後於教育的損失已有各界人士異口同聲的在那裡表示，無須我贅述或補充。至於我個人精神所受的刺激及感情所負的悲痛，卻是筆難盡述的。

（國立臺灣大學校刊第一〇一期）

辦公室裡的傅校長

那廉君

　　三十八年一月我初到臺大的時候，在許多的詫異感覺中的一個，就是這一座巍巍的總辦公樓裡面，似乎沒有晚間工作的設備，後來因為「入鄉問俗」，向舊同事打聽，才知道這裡的「公事」是隨下班鐘響便立刻結束，而是「日本時代就如此的」。傅故校長到任之後不久，第一先改變了這種風氣，自然傅故校長自己無論在夏天，在冬天，他總是天黑以後好久才走，弄得負責關窗子鎖樓門的人總是等得不耐煩，而他的司機也不得不因此特別在福利社包了一頓晚餐，因為肚皮餓，不能等待回家去吃晚飯。

　　傅故校長他說笑話，他說他的辦公室不啻是一個雜貨店。我覺得，要拿一個適當的比方，這個校長室卻像是一個唱舊戲的戲臺，真是「出將入相」，連續不斷；有文有武，熱鬧非常，所差的只是唱戲是唱完一本再一本，校長室則是一本未完，早又來了一本以至多本。在這種情形之下，加上傅故校長一向的事無巨細，躬親而認真的作風，更加上為了對外對接洽連絡以至於進行與外界合作的奔波，試想他在辦公室裡能夠作多少事？早被那些不可想像的瑣事把時間分奪去了，所以傅故校長對臺大的計劃以及重要章則和公文的起草，都是夜間在家裡辦的。我可以說，傅故校長這一年零一個月來，每天除去吃飯睡覺的時間以外，統通是用

在臺大上頭，我們在辦公室所見到的，只是他的工作的一小部分而已。

　　傅故校長在辦公室裡，雖然每天總是忙得不可開交，可是對於接見同學，和答覆同學的來信，他絕不忽略而是萬分注意的。譬如他賞識了今年一年級新生洪慶章君的好成績，他關心這位洪同學，幾次找他來談，由功課到他的生活，孜孜不倦，這便是一個例子，而覆別人的信，可以請人代寫，同學們的來信，卻十之八九自己答覆。自然字跡是因匆忙而潦草的。

　　校長室的一塊黑板，是傅故校長的備忘錄，要辦的事，都寫上去，辦完一件擦去一件。上一個星期，就是他逝世的那一週的禮拜一，黑板上已經寫滿了要辦的事，他曾向我說：「這一個禮拜事情太多了！」可是傅故校長逝世的第二天早上，我到了辦公室，看看黑板上的字，擦去的不到三分之一，其餘的字跡雖然仍舊寫在那裡，可是辦這些無窮盡事的傅故校長，卻早捨我們而長逝了！若干未完的大計劃，都在腦子裡，將使我們如何繼承他的計劃而進行呢？

　　　　　　　　　　（臺大學生會編印傅故校長逝世紀念專刊）

41

是夢？卻是真！

——傅夫人痛述伉儷生活

王林

　　傅斯年校長逝世到現在，已經整整十天了，十天來，羅斯福路四段臺灣大學和福州街傅宅，一直被一種愁慘悲戚的氣氛所籠罩，每個人碰了面都默默無言，然後低下頭走開，大家的心情都非常沉重，感到說不出的悵惘。傅夫人除了二十一、二十二兩日曾到過極樂殯儀館之外，其餘的時間完全是躺在床上，沉浸在夢一般的回憶裡。雖然，她的臥室每日不斷有臺大女同學和她的親友輕輕走來看顧她、安慰她，她的客室和書房不斷有臺大的教職員和男同學到來致慰問之忱；可是，無論千言萬語，多少熱情，也沒有辦法填補她心靈上的空虛；一本書，一雙鞋，甚至別人一種相似的動作，都會把她刺痛，勾起一段難以忘，掉的往事。什麼事情比生離死別更痛苦呢？什麼損失比這種更難以補償呢？

　　「我不單是為自己難過」，傅夫人斜倚在枕頭上用手帕揩去眼角上的淚珠，以顫抖的聲音向記者說：「而且，傅校長的死，實在是國家的重大損失！在我跟他共同生活的十六年中，他從來沒有為自己做過一件事，在他的精神生活裡，他完全沒有自己的存在。」

傳夫人是民國二十三年在北平跟傳校長結婚的，那時，她從滬江大學畢業之後到平不久，傳校長在北京大學任歷史系教授並任中央研究院歷史研究所所長，由於傳夫人的令兄俞大維是傳校長的好朋友，在結婚之前，他們已經神交好幾年了。

傳夫人告訴記者，她跟傳校長的興趣是完全兩樣的。她在學校的時候喜歡騎馬、溜冰、打網球、跳舞，還有各種社交活動，但是傳校長卻不然，他從來不會娛樂，他的腦筋裡只是「書本、書本；工作、工作」。在歷年各地所有的戲劇和電影中，傳校長僅看過幾場卓別麟主演的片子，因為他覺得只有卓別麟才是真正的藝術家。抗戰期間在重慶住了幾年，傳校長學會了下象棋，自此以後，晚上在家偶然閒暇無事，他便跟司機或工友下象棋。在臺灣，每天晚上十點鐘，他一定要打開收音機來聽「美國之聲」的廣播，此外他的興趣就完全擺在書本上了。

為什麼傳夫人會跟傳校長結婚呢？她說最大的理由是她崇拜傳校長偉大的人格。她很謙虛地說：

> 如果比學問，我真不敢在他的面前抬起頭，所以我願意犧牲自己一切的嗜好和享受，追隨他，陪伴他，幫助他。結婚之後他沒有阻止我任何社交活動，但我完全自動放棄了；十幾年來我們的經濟狀況一直非常困苦，但我們仍然過得很美滿，很快樂。

傳校長每月在臺灣大學所領的薪水，是新臺幣四百元正，扣去一成房租費（臺大所有教職員都要繳納的）淨收三百六十元，加上少量的實物配給，總收入是沒有多少的。傳夫人舉例說：傳校長歡喜抽煙斗，又買不起好的煙絲，只得掏出一塊錢，叫工友到門口小

攤子去買一包舊樂園回來，慢慢一支一支拆開放到煙斗裡面去，有時遇到朋友看見，便買幾盒美國煙絲送給他。

傅校長研究學問的興趣很廣泛，除了歷史和哲學，他對於古典文學的興趣也相當濃厚，晚間空閒時，傅夫人常跟他討論研究托爾斯泰、哈代和高斯華綏的作品，偶然意見不同時，也有一場辯論。

他們的家庭物質生活極其簡樸清苦，更由於傅校長的血壓高，不能吃含有蛋白質的食品常常家中一個禮拜看不見一片肉。上午早點是白稀飯和西瓜、香蕉或桔子，中午是白米乾飯和水果（傅夫人則吃幾片烤麵包），晚上校長吃的是沒有油鹽炒成的蔬菜拌白飯，一個星期中有一次白水煮熟的肉片或鷄蛋，傅夫人和工友，姪兒秘書們則吃很少肉類炒成的葷菜，傅校長胃口非常好，常常忍不住把筷子伸過來夾一片肉，卻被傅夫人攔了回頭。諾蘭這次來臺，各方宴請很多，傅校長常常為了校務的連絡不能不出席，回家之後常常疲倦不適，曾躺在床上服瀉鹽，去世的前兩天，他告訴夫人說還要再服一次，不料瀉鹽剛買好，他便長逝了。

十五年來，在他們這個簡樸和諧的家庭中，還有一位重要的人物，那就是他們唯一的愛子仁軌（外國學名叫傑克）。他聰明、活潑，而且長得一付清秀的面孔，由於父母的遺傳，仁軌從小便喜歡國文和歷史，從五歲傅夫人就教他唸英文。提起他，傅夫人很興奮，她說他的求學天才很好，去年在美國 Westminster 中學參加文學創作比賽，他寫的一篇 *The Valley in Hiding* 曾經獲得第一名，學校獎了他一本金邊精裝的狄更司寫的《塊肉餘生記》，而且把這篇文章發表在該校的文學刊物 *The Martlet* 上，最近他還寫了一篇小說 *Flight*，將於下一期的刊物中發表。這篇小說是以美國南北戰爭為背景的，因為傅校長生平最崇拜林肯，常常對仁軌講述林肯解放黑

奴的故事，所以他的印象特別深。不久以前，仁軌在學校參加演講會，名列前茅，十二月初他來信要傅校長供給他一點關於臺灣各方面情形的資料，他準備參加明年一月五日舉行的演講班，講述關於臺灣的問題，傅校長的回信只寫好了一半，傅夫人的心緒太壞，也沒有辦法接續下去。

這位十五歲的神童真是了不起，傅夫人說過去他來信，爸爸媽媽合寫一封，最近可不對了，他分開兩封來寫，給媽媽的信談家常瑣事，給爸爸的信則談天下大事，從愛因斯坦到原子彈以至聯大，他都有一番意見和主張。傅校長常常對夫人說：「我們有這樣圓滿的家庭，這樣聰明可愛的兒子，我太滿足了，唯一使我不安的，就是我沒有給仁軌留過一個錢。」

Westminster school 是美國中部一所私立的男子中學，水準高，管理也嚴，學業成績平均在八十五分以上才能取得獎金，取到之後，如果學期成績不及這個水準，獎學金隨時可以取消。仁軌在該校將近三年，第一、二學期都考第二名。他在學校每年得獎學金美金一千八百元，但全部由校方管理支配，每星期只發給零用費五角。他在學校除了讀書，還在校內郵局和音樂唱片管理室幫忙，代價是可以免費閱讀任何書籍。傅夫人很感動地說：仁軌很懂世故，他知道家裡經濟很窘，時常將學校所發零用或幫忙別人所得的報酬存積下來，不久給家裡寄回幾張國際郵票（每張值美金一元一角），然後再由傅夫人拿到郵局按照美金比率換取臺灣的郵票。當傅校長噩耗在美國報紙上發表時，他拍來了一封電報給母親，勸她「勇敢些」。

記者跟傅夫人談話時，一隻黑花貓不斷地跳上床，又跳下來。我問傅校長是不是也很歡喜貓，他笑笑：「很喜歡，每天晚上一隻黃貓伴他睡。他最討厭狗。」

這也許是因為貓很純良，狗太勢利，逢人便狂吠。

書房裡面一切陳設，跟傅校長在生時一樣，只是校長的書櫃裡多了一隻精巧的骨灰盒子，櫃子前面加了一盆白玫瑰。傅校長的臥室裡也按照傅夫人的意思保持原狀，每一件東西都放在傅校長生前所放的位置。

「我會勇敢地活下去。」傅夫人在悲痛之餘說出了這句有力的話到現在還留在記者的耳邊。

（三十九年十二月三十一日中華日報）

孟真與我——傅夫人揮淚悼亡夫

理璜

　　靜寂和陰暗，使這間小小的臥室顯得又空又大，並且流動著颯颯的冷風，床頭櫃上，蒙上一塊古色古香的藍花土布，抑鬱而沉重，櫃面上散亂著許許多多信件和手絹，好多手絹都濡濕了，堆積在一邊，床是寬大的，一半平整的舖著，一隻孤寂的小黑貓捲伏在上面，另一半，些微有些起伏，大枕頭上一張蒼白的臉，垂著眼瞼，像是堆放著的一付上帝還未會賦予她生命的身體，有誰肯相信，那就是一位名學者的賢妻，也是英文課堂上一字一句從不含糊的傅師母——俞大綵老師呀？

　　她睜開雙眼，眼睛裡滿是堅毅、沉著，對我作淺笑。我問她近日起居如何。她很客氣地告訴我一切都很好。其實，她的老朋友陳渝生女士早就滿懷憂戚的告訴過我，她一直失眠，不肯吃飯，每天僅僅喝一點米湯，過多的哭泣和不眠，傷害了她的眼睛，她老鬧著房間裡有煙。

　　對於她，我簡直沒有勇氣問什麼，意外的她倒先開口了，她說她很喜歡見到記者，因為傅校長生前喜歡記者的：「校長常說，有些人覺得新聞記者是討厭的，我很反對，比如我自己就有一群極可愛的記者朋友，他們都是那樣努力，那樣坦白年輕人，多麼可愛！」她也提到有些雜誌，會對傅校長攻擊過，她說：「對於這些，有時

47

候我很生氣，但校長卻從來沒有表示過憤慨，他常常以長者寬厚的心胸原諒他們，但是這些攻擊對他本身的人格，雖不足有絲毫損害，卻像蚊子一樣的令人討厭。校長早些時候，有一個晚上，在書房裡倦乏的對我說：『像我這樣一個正直而又努力的人，輿論實在該給我一點鼓勵才對。』從這句話裡，我才知道在他的寬恕中，他的心裡確也受了沉重的創傷。」說到這裡她哭了。

然後，她哭述著一些最近她們生活的細節：「人們都知道他窮，可是沒有想到他會窮得那樣厲害，早兩天天氣冷的時候，我們曾生了一盆炭火，可是，他每夜寫文章，總是寫得很晚才停止，所以老覺冷——直嚷著腿凍得受不了，有天晚上，他很興奮的告訴我說『大陸雜誌要我寫文章，老董（指董作賓先生）答應提前給我稿費，等錢拿到了，一半留給妳，其餘的一半妳給我做條棉褲好不？要厚厚的紮褲腳的。』我還同他開玩笑說，他穿了會更難看，像個鄉巴佬，叫他把以前在美國時穿的一條羊毛褲穿上算了，錢無利息存在我這裡。他說『好，那就算了吧。』後來也因為料子棉花都很貴，我就一直沒有給他做。」他愛抽烟，可是近來就從沒抽過一口好烟，老是拿樂園撕開裝烟斗，他臨去世的那天上午，我在門口給他買了四包七毛錢一包的芙蓉牌烟絲，中午他回家的時候，我告訴他，他很高興的說『我真謝謝妳，這要比樂園便宜多了，我以後就抽這種烟好了。』那天，他帶了一包芙蓉牌去參議會……」說到這裡，她已經泣不成聲了。一位臨時來替她看守門戶的人送茶進來時，聽見她說的話，也哭泣著，奔出房門。這時候，我想起進門時他曾告訴我說，常給校長做事的那個孩子徐商祥，是臺灣人，父母雙亡，跟隨傅校長已有兩年，傅校長生前每天晚上教他唸英文，而且把他送到工專夜校讀書。

元氣淋漓的傅孟真

羅家倫

感情不容許我寫這篇文章，可是道義不容我不寫這篇文章。孟真有知，當知道我此時心頭的難受。

在這萬方多難的時候，突然看見國家民族喪失了這樣一個最英勇的鬥士，教育文化喪失了這樣一股向開明進步和近代化推進的偉大原動力，已經夠使我悲痛了，何況這個人是我三十四年的生死道義之交，打不散，罵不開的朋友。

我雖然傷感，可是寫這篇文章的時候，卻是極力摒斂感情，盡量客觀的描寫一點我在三十四年來認識的傅孟真。大家卻要首先放在心裡：光芒四射的傅孟真，斷不是這篇文章所能盡其萬一。

我和孟真是民國六年開始在北京大學認識的。他經過三年標準很高的北大預科的訓練以後，升入文科本科，所以他的中國學問的基礎很好，而且瀏覽英文的能力很強：這是一件研究中國學問的人，不容易兼有的條件。我是從上海直接考進文科本科的學生，當時讀的是外國文學；這和他的中國文學雖然隔系，可是我們兩人在學問方面都有貪多務得的壞習慣，所以常常彼此越系選科，弄到同班的功課很多。就在哲學系方面也同過三樣功課的班。我們開始有較深的了解，卻在胡適之先生家裡；那是我們常去，先則客客氣氣的請教受益，後來竟成為討論爭辯肆言無忌的地方。這時期還是適

49

之先生發表了〈改良文學芻議〉以後，而尚未正式提出「國語的文學，文學的國語」的主張，也就是未正式以文學革命作號召以前。適之先生甚驚異孟真中國文學之博與精，和他一接受以科學方法整理舊學以後的創獲之多與深。適之先生常常是很謙虛的說：他初進北大做教授的時候，常常提心吊膽，加倍用功，因為他發現許多學生的學問比他強（抗戰勝利後的第二年，適之先生於北大校慶之夕在南京國際聯歡社聚餐時講演，就公開有此謙詞）。這就是指傅孟真、毛子水、顧頡剛等二、三人說的。當時的真正國學大師如劉申叔（師培）、黃季剛（侃）、陳伯弢（漢章）幾位先生，也非常之讚賞孟真，抱著老儒傳經的觀念，想他繼承儀徵學統或是太炎學派等衣缽。孟真有徘徊歧路的資格，可是有革命性，有近代頭腦的孟真，決不徘徊歧路，竟一躍而投身文學革命的陣營了。以後文學革命的旗幟，因得孟真而大張。

在這當兒，讓我小小的跑個野馬，說一件孟真那時頑皮的趣事，以見孟真那時候的學問基礎。何況寫文章跑野馬原是孟真的慣技。就在當時的北大，有一位朱蓬先教授（注意不是朱遏先先生），也是太炎弟子，可是所教的「文心雕龍」一課，卻非所長，在教室裡不免出了好些錯誤，可是要舉發這些錯誤，學生的筆記終究難以為憑。恰巧有一位姓張的同學借到那部朱教授的講義全稿，交給孟真；孟真一夜看完，摘出三十幾條錯誤，由全班簽名上書校長蔡先生，請求補救，書中附列這錯誤的三十幾條。蔡先生對於這問題是內行，看了自然明白，可是他不信這是由學生們自己發覺的，並且似乎要預防教授們互相攻訐之風，於是突然召見簽名的全班學生。那時候同學們也慌了，害怕蔡先生要考，又怕孟真一人擔負這個責任，未免太重；於是大家在見蔡先生之前，每人分任幾條，預備好

了，方才進去。果然蔡先生當面口試起來了。分擔的人回答的頭頭
是道。考完之後，蔡先生一聲不響，學生們也一聲不響，一鞠躬魚
貫退出。到了適當的時候，這門功課重新調整了。這件事可以表示
一點當時學風，我那年不曾選這樣功課，可是我在旁邊看得清清楚
楚。他們退出來後，個個大笑，我也幫了大笑。

那時候學生物質的生活非常樸素簡單，可是同學間的學術興趣
卻是配合成一幅光怪陸離的圖案。我住在校外松公府公寓，孟真住
在校內西齋四號。我早晨到校上課之前，首先要到他房裡談天；他
沒有起來的時候，我有時候要掀他棉被，他頗引為苦，氣得大叫。
他房間裡住了四個同學：一個顧頡剛靜心研究他的哲學和古史，對
人非常謙恭；一個狄君武（當時名福鼎）專心研究他的詞章，有時
唱唱崑曲；一個周烈，阿彌陀佛的在研究他的佛經（後來他出家在
天目山做了方丈）；一個就是大氣磅礴的傅孟真，和他的一班不速
之客的朋友羅志希等在高談文學革命和新文化運動。這是一個甚麼
配合！可是道並行而不相悖，大家還是好朋友。

民國七年孟真和我，還有好幾位同學，抱著一股熱忱，要為文
學革命而奮鬥。於是繼《新青年》而起，組織「新潮社」，編印《新
潮》月刊，這是在這個時代中公開主張文學革命的第二個刊物。我
們不但主張而且實行徹底的人以現代人的語言，來表達現代人的思
想，所以全部用語體文而不登載文言文（新潮的發刊詞卻是例外，
這是孟真別有作用的做法）。我們主張文學的任務，是人生的表現
與批評，應當著重從這個方面去使文學美化和深切化，所以我們力
持要發揚人的文學，而反對非人的與反人性的文學。我們主張學術
思想的解放，打開已往傳統的縛束，用科學的方法來整理國故。我
們推廣這種主張到傳統的社會制度方面，而對固有的家族制度和社

會習慣加以批評。我們甚至於主張當時駭人聽聞的婦女解放。《新潮》的政治彩色不濃，可是我們的堅決主張民主、反封建、反侵略。我們主張我們民族的獨立和自決。總而言之，我們深信時至今日，我們應當重定價值標準，在人的本位上，以科學的方法和哲學的態度，來把我們固有的文化，分別的重新估價。在三十年前的中國，這一切的一切，是何等的離經叛道，驚世駭俗。我們主張的輪廓，大致與《新青年》主張的範圍，相差無幾。我們天天與《新青年》主持者相接觸，自然彼此間都有思想的交流和相互的影響。不過當時的一般人看來，彷彿《新潮》的來勢更猛一點，引起青年們的同情更多一點。《新潮》的第一卷第一期，複印到三版，銷到一萬三千冊，以後也常在一萬五千冊左右，則聲勢不可謂不浩大。到了民國八年上半年文學革命運動已擴大為新文化運動。等到五四運動的巨浪發生，更把新思潮運動澎湃到全國的每一角落。這股偉大的思潮，在許多方面很像是十八世紀後期由法國開始，以後瀰漫到全歐的「啟蒙運動」（這一運動英文名叫 Enlightenment，意為啟明，而德文稱為 Aufkla erung，帶擴清的意義，似更恰當）。《新潮》能有這種成就，得力於孟真為最多。當時孟真和我雖然一道從事編輯的工作，可是在開始的幾期，孟真實為主編。孟真把握新文化運動的主張很堅定，絕不妥協；而選擇文章的標準又很嚴。他批評的眼光很銳利，而自己又拿得出手。許多投來的稿，我們不問是教員或同學寫的，如果還有可取，就老實不客氣的加以刪改。我雖然同他一道做刪改文章刀斧手，然而看見他這樣嚴格的標準，使我對於自己的稿子，也有戒心，不能不先慎重一點，才敢交出來。從這方面來說，我深得孟真的益處。益友之所以對友能益，這就是一個例子。當時我的文章，雖然也有人喜歡看，可是我總覺得不如孟真的厚

實，這使我常常警惕在心（我們後來看重我們在《新潮》上的文章，常覺慚愧，至少我對於我所寫的，永遠不願再印。可是在那時候擴清和興奮的力量，據說確是不小）。

我們在辦《新潮》以前和在辦《新潮》的時候，有一件共同的嗜好，就是看外國書。因為第一次大戰時外匯非常便宜，所以我們每人每月都能向日本丸善株式會社買幾本新書；而丸善又非常內行，知道我們的味口，於是凡是新到了這類的書，常常用「代金引便」（即向郵局付款提書）的辦法寄來，弄到我們幾個手上零用錢都被他吸光了；有時眼見要看的書到了而無錢去取，只得唉聲嘆氣。我們常是交換書看，因此增加了許多共同的興趣和見解。當年孟真不免有一點恃才傲物，我也常常夜郎自大，有時彼此間因爭辯而吵架，有一次吵得三天見面不講話，可是氣稍微下去一點，立刻就好了，因為我們有許多共同的理想，共同的認識，以後成為彼此人格間的信任。我們都不免自負，可是我們都能努力做到屈服在道理的前面。

孟真在五四的前夕，是參加北大發難的大會的，為當時被推的二十個代表之一。五四那天，他曾到趙家樓，打進曹汝霖的住宅。不知為何在第二天開會的時候，有一個衝動到理智失了平衡的同學，同他打了一架，於是他大怒一場，賭咒不到學生會裡來工作。可是他在旁還是起勁。大約他看見書詒出來主持一切，他可以放心了。就在五四那年的夏天，他考取了山東的官費，前往英國留學，進了倫敦大學研究院，從史培曼（Spearman）教授研究實驗心理學，這看去像是一件好奇怪的事，要明白他這個舉動，就得要明白當新文化運動時代那般人的學術的心理背景。那時候大家對自然科學、非常傾倒；除了想從自然科學裡面得到所謂可靠的知識而外，而且

53

想從那裡面得到科學方法的訓練。認為這種訓練在某種學科以內固然可以應用，就是換了方向而來治另外一套學問，也還可以應用。這是孟真要治實驗心理學的原因，孟真要治實驗心理學進而治物理、化學、和高深的數學。他對於數學的興趣比較濃，因為他在國內的時候就喜歡看邏輯的書，研究皮爾生的《科學規律》（Karl Persson 的 *Grammar of Science*）和或然律（Law of Probability），後來像金斯（J. M. Keynes）所著的《或然率研究》（*Treatise on Probability*）一類的書，都是他很欣賞的。所以可以說，孟真深通科學方法論。當然以貪多務得細大不捐的傅孟真，他的興趣決不會限於一方面。他對英國的哲學、歷史、政治、文學的書籍，不但能看，而且能體會。我想他對於蕭伯納的戲劇，幾乎每本都看過，所以蕭伯納死後，他有做文章批評的資格，而且批評的很深刻（可是孟真所了解的易卜生主義，最初還是蕭介紹的）。以後到了德國，因為一方面受柏林大學裡當時兩種學術空氣的影響（一種是近代物理學如愛因斯坦的相對論，勃朗克的量子論，都是震動一時的學說：一種是德國歷年來以此著名的語言文字比較考據學）；一方面受在柏林的朋友們如陳寅恪、俞大維各位的影響，所以他在柏林大學既聽相對論，又聽比較語言學。他有了許多科學的方法和理論，又回頭發現了他自己曾經儲藏下的很豐富的中國歷史語文的知識，在此中可以另闢天地，所以他不但配談研究所科學，而且是備了一般科學理解的通才，並且更配做中央研究院歷史語言的所長了。這是孟真忽而研究中國文學，忽而研究實驗心理學，忽而研究物理數學，忽而又成為歷史語言學的權威的過程。

還有一種這群人的學術的心理的背景，若是明白了，可以幫助了解當時那種旁徵側擊，以求先博後專的風氣。因為當時大家除了

有很強的求知慾而外，還有想在學術裡求創獲的野心。不甘坐享現成，要想在浩瀚的學海之中，另有會心，「成一家言」。這種主張裡，不無天真幼稚的成分，可是其勇氣雄心亦不無可嘉之處。朋友如陳寅恪雖自謙謂所治乃「咸同之間不古不今之學」。其實他從哲學、史學、文字學、佛經翻譯，大致歸宿到唐史與中央亞細亞研究。而其所通，除近世重要文字外，還有希臘、拉丁、梵文、巴理文、中波斯文、突厥文、滿文、蒙文、藏文等，供他參考應用的總計不下十六七種。他是由博到精最成功的一個人。俞大維則天才橫溢，觸手成春；他從數學、數理邏輯到西洋古典學術的研究（即希臘羅馬學術思想的典籍，所謂 Classical Studies）；從歷史，法理，到音樂；再從音樂到開槍放炮的彈道學，更進而研究戰略戰術。我想他心中最嚮往的是德國大哲學家萊布尼茨（Leibnitz），是不見得十分冤他的。如毛子水本來是研究數學很好的，不幸他的中國學問比他的數學更好，於是他就以數學的精神應用到中國文學考據學上去；他在德國本來研究科學地理，然而受柏林大學的古典學問空氣的影響，又愛上了希臘文，於是他就去把利瑪竇所譯《幾何原本》，改譯一遍。這也許純粹是從知識的興趣出發，也許是他的下意識中，帶了一點要和這位最著名的耶穌會教士的最著名的譯本去爭勝的心理，我可不能確切斷定了。諸如此類的情形還有許多，我所寫的一點，不過是藉以表現那個環境的空氣。孟真是好強好勝的人，這種空氣自然更刺激他博學好問的精神，孟真在這階段裡學術思想變遷的過程，我在上面已經簡略的說過。其實他涉臘的範圍尚不只此。有一天我和幾位朋友在柏林康德街二十四號中國餐館吃晚飯，孟真夾了個其重無比的書包來了。經我們一檢查，發現了三厚本一部的地質書。子水是不很好開玩笑的，可是這次卻很幽默的說道：「這

部書是，博而寡約，博孟真讀它，是勞而無功」。這話當時氣得孟真直跳，可是大家都默認這個幽默中的真理。現在有人誤以為我的學問很博，其實那有這回事。他們才是真正的淵博，見到這些大巫，我比小巫都不如呢。在民國十二年至十四年之間，不期然而然的這些人都集中在柏林。如趙元任、徐志摩、金岳霖諸位也時來時去。有時候大家在晚上閒談的時候，各拈妙語，趣語橫生。回想起來，真是人間一種至樂，可是此樂已不可得了！

若是新文化運動好比法國的啟蒙運動，那麼上面說的風氣，也頗有一點像當時法國「百科全書家」的風氣；雖然各人的造詣和成就，各有不同，也就各有千秋，絕難對比。而孟真的號召力和攻擊精神，則頗與伏泰爾相似。他們都願意為自由和開明而奮鬥，對於黑暗和頑固有強大的摧毀力，而且愛打抱不平，也是相似之處。不過伏泰爾不免刻薄而孟真則厚重，伏泰爾有些刁鑽古怪，孟真則坦白率真。我有一次笑他把伏泰爾的精神，裝在賽繆・約翰生的軀殼裡面（約翰生是大胖子）。孟真在後來對伏泰爾的觀念容有改變，我不知道，可是在當時他卻是恭維他。我更有一次和孟真開過一個大玩笑，大約是民國十三年，蔡先生重到德國；孟真和我，還有幾位同學，陪蔡先生同遊波茨坦的無愁宮（Sans Souci），行經佛雷得烈大王招待伏泰爾住的房間。房中有一個大理石雕刻的伏泰爾像，非常精美。孟真頗為欣賞流連，因此落後了。我回身去找他；同他回群以後；蔡先生問我孟真在看甚麼，我以頑皮帶笑的態度，當面編了一個故事說：孟真在對伏泰爾深深一鞠躬，口中唸唸有詞。我聽他唸的是甚麼；原來是溫飛卿的「詞客有靈應識我，霸才無主始憐君」兩句詩。孟真氣得要上前來打我。我大笑向蔡先生側邊一閃，蔡先生也不禁失笑，於是孟真的幽默感跟著就恢復了。至於說到孟

真像約翰生，他倒不以為忤的；有時他拍拍肚子，還以他自己是胖子自豪。約翰生在他的時代的英國，名重一時，為文人學者集團的中心。他有淵博的學問，極健的談鋒；他的一言半句，別人以為字字珠璣。他有一個信徒名叫鮑斯威爾（Boswell），常常不使他知道躲在椅子背後記錄；有時被約翰生發現了，還要把他趕走。可是以後根據這些材料，鮑斯威爾寫了一部《約翰生傳》，為至今傳誦的不朽之作。我現在覺得最可惜的是孟真不會有過這樣一個鮑斯威爾，使他的許多思想，許多見解，許多名言俊語，自私一點說罷，甚至我們吵架的話，不會有人記下來。李濟之說：「你說孟真與伏泰爾有相像之處，在反對愚昧一點，的確相像。最可惜的是伏泰爾活到八十四歲，把他要寫的都寫完了；但孟真只活到五十五就死了。他的滿肚子的學問，滿肚子的見解，正在成熟的時候，正在開始寫的時候，忽然死去，真是最可傷心的事，不可補償的損失。」我聽了只能仰天長嘆道：「天夫！天夫！何奪我孟真之速也！」

孟真比我回國為早，他在廣州中山大學擔任教授，兼任文學院長。以後我一度中斷了教書的生涯，加入了北伐的工作。於北京克復後，我任國立清華大學的校長。他任中央研究院歷史語言研究所所長，同一個讀書時代的故都，重又親密起來。他辦歷史語言研究所時所樹立的標準很高。觀念很近代化。他的主張是要辦成一個有科學性，而能在國際的學術界站得住的研究所，絕對不是一個抱殘守缺的機關。他對於外國研究中國學問的漢學家中最佩服的只有兩個人，認為其餘的許多都是洋騙子。一個是瑞典的高本漢（Karlgren）講中國語音學的專家；一個是法國的伯希和（Pelliot）講中國唐史和中央亞細亞研究的專家；這兩個人對中國學問的科學性的造詣，給了孟真很大的刺激。可是孟真辦理歷史語言研究所的成績，反過

來得了他們兩人很深的敬佩。行家的事，只有行家真能懂得。歷史語言研究所的集刊和分刊，得到國際學術界很高的重視；這研究所的本身也取得了國際學術界很高的地位。這自然是由於許多學者協力造成的，可是孟真領導的力量也是不可磨滅的。他不只能領導，而且自己真能動手呀！他辦的只是這一個研究所，但是他常為整個中央研究院策劃。由於他是學貫中西的通才，所以他的意見常有壓倒式的重量。因此許多人以為他好管閒事而討厭他。可是他卻不管這一切，因為他認學術是國家之公器。

以後我長中大，他仍在北大，只有我們異地開會的時候，才能相見。不見要想，見面就吵，真是奇怪的事。這幾年中，可為他高興的就是他能和俞家八小姐大綵女士結婚，使他得到許多精神的安慰和鼓勵。俞家的兄弟姐妹我個個都很熟，個個都非常聰明，大綵自然也是卓越的一位。孟真常是向我恭維大綵的小品文如何寫得好。小真書如何寫得好，他言之津津有味。有一次我和他開玩笑說，大綵賞識你，如九方皋相馬。他為之大怒，要來撲我。又有一次他對我盛誇他的兒子仁軌如何聰明。我帶笑的說：「犬父竟有虎子。」他卻為之大喜。孟真是人，不是做作的超人，是充滿了人性的人。說到聰明的孩子仁軌的命名，確有一件可紀念的故事。有一天孟真對我說：「我的太太要生孩子了。若是生的是一個男孩，我要叫他做仁軌。」我一時腦筋轉不過來，問他說：「為甚麼？」他說：「你枉費學歷史，你忘記了中國第一個能在朝鮮對日本兵打殲滅戰的，就是唐朝的劉仁軌嗎？」從這種史蹟上，預先為兒子命名，他內心所蘊的是多麼強烈的國家民族意識！

說到抗日的精神來，孟真在北平環境裡所表現的真是可敬可佩。當冀察事變發生，日本在鬧華北特殊化的時候，許多親日派仰

人鼻息太過度了。北平市長蕭振瀛招待北平教育界的一席話，儼然是向日本招降，至少是要北平教育界閉口。在大家惶惑之際，只有適之先生和孟真挺身而起，當面教訓蕭振瀛一頓，表示堅決反對的態度，誓死不屈的精神。於是北平整個混沌的空氣。為之一變，教育界也儼然成為左右北方時局的重心。孟真這種聲張正氣的精神，是使他不顧一切的。大家不要忘記，那時候的華北，不但是親日派橫行，而且日本特務也公開活勤。這是一個生命有危險的局面。

在抗戰開始的時候北大清華南開三校合組而為西南聯合大學的主張，是孟真出的。他為西南聯大，頗盡維護之能事。他堅決擁護抗戰建國的國策的情緒，何消我說；苦苦的熬了八年，最後得到了勝利；所以在日本投降的消息傳到重慶的晚上，孟真瘋了。從他聚興村住所裡，拿了一瓶酒，到街上大喝；拿了一根手杖，挑了一頂帽子，到街上亂舞。結果帽子飛掉了，棍子脫手了，他和民眾和盟軍還大鬧了好一會；等到叫不動鬧不動了，才回到原處睡覺。第二天下午我去看他，他還爬不起來；連說：「國家出頭了，我的帽子掉了，棍子也沒有了，買又買不起。晦氣！晦氣！」這是孟真的本色，孟真不失為真！

抗戰期間孟真在國民參政會裡所表現的固然為一般人所欽所佩，可是許多人更覺得有聲有色。除了他堅定的擁護抗戰而外，他還為兩種主張而積極奮鬥：一是反對一切違背時代精神、科學理論而開倒車的議案；一是反對危害國計民生的貪污事實。在前一項目之下，如他反對提倡所謂國醫，就是顯著一例。他認為哈維發明了血液循環三百年之後，到今天還要把人的身體分為上焦中焦下焦段，簡直是對於人類知識的侮辱。他為這個問題，從抗戰前在南京的時候，就寫文章討論起；因為他研究過實驗心理學，同時自然他

也很懂得生理學和生物化學，所以他寫的這些文章，理論非常精闢，文字也非常精彩。說到此地，我又忍不住要提孟真一件趣事，很可以表示他一種特殊可愛的性格。有一次為中醫問題，孟真反對孔庚的議案，激烈的辯論了一場。當然孔庚辯孟真不過，於是他氣了在座位上辱罵孟真，罵了許多很粗的話。孟真也氣了，說是：「你侮辱我，會散之後我和你決鬥。」等到會散之後，孟真在會場門口攔著孔庚要決鬥了。他一見孔庚年紀七十幾歲，身體非常瘦弱，立刻把手垂下來說：「你這樣老，這樣瘦，不和你決鬥了，讓你罵了罷。」這雖然是一個插曲，也可以看出孟真決不是硬心的人。我常笑他說：「你這大胖子怎樣能和人打架。」他說：「我以體積乘速度，產生一種偉大的動量，可以壓倒一切。」我為之大笑，可是他真用這個方法，打勝過人。這件事在此地張道藩知道最清楚。

至於說到了他的第二種主張，他真能表現他不畏強禦的精神。他認為現在革命過程中的一切犧牲，是為民眾利益，不是為貪官污吏中飽的，不是為買辦階級發財的。他說：「我擁護政府，不是擁護這般人既得利益，所以我誓死要和這些敗類博鬥，才能真正幫助政府。」他主張「去惡務盡」；他主張「攻敵攻堅」。而且他一動手攻堅，決不肯中途罷手。有一次在重慶為了某一種公債的案子，他在國民參政會發言到結束的時候，鄭重聲明他這番話不但在會場以內負責，而且在會場以外也負責，他願意親到法庭對簿。這話使全場興奮，可是使我為他捏了一把汗。會後我去看他，問他為甚麼敢作這樣肯定的話。他說：「我若沒有根據，那能說這話。」於是他取出兩張照片給我看，可見他說話是負責的，絕對不是所謂大炮者可比？也絕不是聞風言事的一流。這種有風骨的人，是值得欽佩的。

　　他反對共產黨遠在他在廣州中山大學做教授的時候，因為在當時他看穿了穌俄代表鮑羅廷所代表的政策，和中共認賊作父的奴性。他對共產黨的國際背景和史達林的政略與戰略，認識得比誰都清楚。他在重慶被國民參政會推舉為訪問延安代表團的五代表之一。他回來以後，和我談過幾次；他認為當時延安的作風純粹是專制愚民的作風，也就是反自由，反民主的作風。他和毛澤東因為舊曾相識的關係。單獨聊了一夜天。上天下地的談開了，談到中國的小說，在他發現毛澤東對於坊間各種小說，連低級興趣的小說在內，都看得非常之熟。毛澤東從這些材料裡去研究民眾心理，去利用民眾心理的弱點，所以至多不過宋江一流。毛澤東和他慢步到禮堂裡，看見密密層層的錦旗，各處向毛獻的。孟真諷刺的讚道：「堂哉皇哉！」毛澤東有點感覺到。他痛恨同去的人沒有出息。他說，章伯鈞是由第三黨去歸宗。最無恥的是黃炎培等，把毛澤東送他們的土織毛毯，珍如拱壁，視同皇帝欽賜飾終大典的陀羅經被一樣。孟真對他們說：「你們把他看作護身符，想藉此得保首領以歿嗎？」可見孟真知人見事都很精密周到，絕無一般書生之見。孟真反共是由他一貫的精神和認識而來的。根本是從他最高的國家民族意識出發。更進就是由於他，反專制、反壓迫、反違反人性的主張。這些殘酷的現象，都是共產黨所代表的。他擁護政府，絕無絲毫自私的企圖，因為並不希罕任何官做，更說不上任何其他利益。他擁護政府是為正義，是不要中國人被俄國人所奴役，要保障中國人的自由民主。他對政府最忠實，最熱忱，所以他是政府最坦白的諍者。

　　孟真反對共產黨，反對唯物史觀，可是他主張經濟平等，消除貧富界限。他自稱他是主張自由社會主義的人。他不會形成任何經濟學說和制度的系統；不過他這種經濟平等的觀念是很對的。他自

己不但生活簡單，而且很窮。在開第一次治喪會的時候，劉瑞恒先生報告出來，說是孟真在臨死前的兩天，曾託劉先生託便人到香港去為他帶一件西裝的上裝；因為他有兩條褲子，可是上身破了；他並且限定劉先生不能替他花超過港幣一百元：劉先生說稍微像樣一點的要值一百五十元，他就有難色。孟真的廉潔可以說是很徹底的。我們可以說孟真貧於財而富於書（他的書的確不少），富於學，富於思想，富於感情，尤其富於一股為正氣而奮鬥的鬥勁。

孟真因為富於鬥勁，所以常常好鬥；人家一有不正當的批評，不正確的主張，就立刻用口用筆和人家鬥起來。許多朋友都好意勸他，說他血壓高，此非養生之道。在他去世前兩天，我還用諷刺的話來激勸他，要他不要和蟋蟀一樣，被人一引就鼓起翅膀來。我這諷刺的結果；反引起了他一頓反攻。孟真好動氣而不善於養氣，是無可諱言的事實；可是一部分這種現象是由於他辦事太認真，和是非觀念太強之所致。一個優點裡可以帶著弱點，一個弱點也帶由優點出發。

孟真拋開我們而去世了！我在哀痛的情緒之下，匆促趕成這篇文章。我所寫的不過是孟真和我接觸較多時期的動態，因為在這時期我所知道的或者比他人清楚一點。至於復員後孟真主持北大時期，和最近兩年來主持臺大時期，都有偉大的貢獻。可是現在知道的人太多了，何消我說。我只想說一句話，就是一個人死後，弄到這許多朋友們流淚，許多青年學生們成群來痛哭，不是一件容易的事；不是一件普通的事！

孟真死後的第二天的下午，我到他家裡，大綵方才由極樂殯儀館為他換好服裝回家。她忍不住痛哭。她說：「我在殯儀館不敢哭，恐怕他聽見！」這話我們聽了，真是心如針刺。朋友們又是全體掉

眼淚了。此時失了此人，實在是不可彌補的損失。大家的悲痛，都是情不自禁的。大綵別過於哀傷了！因為這不是你一人或是你一家的哀傷！我也萬萬想不到這次回臺灣來和三十四年的老友，見最後的一面！

我想以「縱橫天岸馬，俊逸人中龍」兩句話來形容孟真；第一句形容他的才氣，第二句形容他的風格。子水在他一死以後立刻就說「孟真一生代表的是浩然之氣」。子水引用的這四個字，比我上面所想到的兩句話更要渾成而接近孟真一些，可是浩然之氣，還要靠養成的，而孟真卻是最不善於養氣的人，所以我認為孟真所代表的是天地之間一種混茫浩瀚的元氣，這種淋漓的元氣之中。包含了天地的正氣，和人生的生氣。

中華民國三十九年十二月三十日晨二時，臺北

憶孟真

　　十二月二十日午前，孟真來農復會參與會議。對於各項時論的問題，他會貢獻了很多寶貴的意見。其見解之明澈，觀察之精密，在會中美兩國人士，無不欽佩。他忽爾講中國話，忽爾講英國語，莊諧雜出。莊中有諧，諧中有莊。娓娓動聽，我們開了兩個鐘頭的會，他講的話，比任何人多，孟真是一向如此的，他講的話雖多，人不嫌多。有時，他會說得太多，我們因為是老朋友，我就不客氣的說：「孟真你說得太多了。請你停止罷！」他一面笑，一面就停止說話。我們的顧問美國康奈爾大學農業社會學教授安得生先生會後對我說：「你也太不客氣了，你為何那樣直率的停止他說話。」我回答說：「不要緊，我們是老朋友，向來如此的。」我記得好幾年前有兩次，我拿起手杖來要打他。他一面退，一面大笑。因為我辯他不過，他是有辯才的。急得我只好用手杖打他。

　　同日午後，他在省參會議報告，他就在那裡去世了。我於第二天早晨看報才知道。那時我有說不出的難過。我就跑到殯儀館裡弔奠了一番。回到辦公室做了一付輓聯，自己寫就送了去。算是作了一個永別的紀念。輓聯說：

　　學府痛師道；舉國惜天才。

　　孟真辦臺灣大學，鞠躬盡瘁，以短促的幾個年頭，使校風蒸蒸日上。全校師生愛戴。今茲逝世，真使人有棟折樑摧之感。

　　孟真之學，是通學，其才則天才。古今為學，專學易，通學難，所謂通學就是古今所說之通才。

　　孟真博古通今，求知興趣廣濶。故他於發抒議論的時候，如長江大河，滔滔不絕，他於觀察國內外大勢，溯源別流，剖析因果，所以他的結論，往往能見人之所不能見，能道人之所不能道。他對於研究學問，也用同一方法。故以學識而論，孟真真是中國的通才。

　　但通才之源，出於天才，天才是天之所賦。不可以僥倖而致。國難方殷，斯人云亡，焉得不使舉國嘆惜！

　　我識孟真遠在民國八年。他是五四運動領袖之一。當時有人要毀掉他，造了一個謠言，說他受某煙草公司的津貼。某煙草公司，有日本股份。當時全國反日，所以奸人造這個謠言。我在上海看見報上載這個消息，我就寫信去安慰他。但是當時我們並沒有見過面。到這年（民八）七月裡，我代表蔡子民先生，到北平去代他處理北京大學校務，我們兩人才首次見面。他肥胖的身材，穿了一件藍布大褂，高談濶論的講了一番「五四」運動的來踪去跡。那年他剛才畢業，但還在北大西齋住了一些時。此後他就離校出洋去了。我們直至民國十一年方才在英國見面，他那時在學心理學。後來我在德國，接到他的一封信，他勸我不要無目的似的在德奧法意各國亂跑。他提出兩個問題要我研究。第一個，比較各國大學行政制度。第二，各國大學學術的重心和學生的訓練。這可證明他不但留心自己的學業，而且要向人家貢獻他的意見。

他後來在廣東中山大學擔任教授。我在北平，他在廣東，彼此不見面好幾年。直到後來他擔任中央研究院歷史語言研究所所長，見面的機會就多了。

當時我在南京教育部，中央研究院也在同一街上，兩個機關的大門正對著，所以見面的機會特多。當我在民國十九年回北京大學時，孟真因為歷史研究所搬到北平，也在北平辦公了。九一八事變後，北平正在多事之秋，我的「參謀」就是適之和孟真兩位。事無大小，都就商於兩位。他們兩位代北大請到了好多位國內著名的教授。北大在北伐成功以後之復興，他們兩位的功勞，實在是太大了。

在那個時期，我才知道孟真辦事十分細心，考慮十分周密。對於人的心理也十分瞭解，毫無莽撞的行動。還有一個特點使我永遠不能忘記的，他心裡想說什麼就說什麼。他說一就是一，說二便是二。其中毫無夾帶別的意思，但有時因此會得罪人。

十二月十七日為北京大學五十二週年紀念。他演說中有幾句話說他自己。他有夢麟先生學問不如蔡子民先生，辦事卻比蔡先生高明。他自己的學問比不上胡適之先生，但他辦事卻比胡先生高明。最後笑著批評蔡胡兩位先生說：「這兩位先生的辦事，真不敢恭維。」他走下講臺以後，我笑著對他說：「孟真你這話對極了。所以他們兩位是北大的功臣，我們兩個人不過是北大的功狗。」他笑著就溜走了。

孟真為學辦事議論三件事，大之如江河滔滔，小之則不遺涓滴，真天下之奇才也。今往矣，惜哉！

（自由青年第八期）

記傅孟真

程滄波

　　孟真離開人世，至今整整四十天。四十天中，從臺灣及港九許多刊物上，看見多篇關於孟真的文字，一個月來我天天想寫一篇文章，悼念這位老友，也想好好替他做一篇傳記。在《自由中國》第四卷第一期中，已經登載了四篇哀悼文字，中間有一篇是孟真的傳記，其餘各處散見的文字，據我所看到的，香港《天文臺》三日刊某期有一封毛以亨先生的信，算是孟真死後最好的一篇文章。照西洋人寫傳記的辦法，一個名人，可由幾十個作者寫幾十本傳記。那幾十本傳記的作者，決不因為已經有人寫過而擱筆，因那不是重複，也不是多餘。一個名人死後，並不一定在他死後熱鬧時候，才可寫述關於那位名人的文字，一個名人死後數十百年中。可以不斷有人替他發掘過去的事蹟與貢獻。譬如英國十九世紀的自由主義的大歷史家阿克頓爵士（Lord Acton），他死了幾乎半世紀，今天還有人寫文章，追思和紀念他。近之如劍橋派大經濟學者凱恩斯，離世已星霜一紀，今天照樣有人寫文章，檢討他的為人與學術。在我的回憶中，在我多年的比較研究中，去年死的英國拉斯基教授，當時除了倫敦《新政治家及民族》雜誌上有過一篇編者馬丁的文章以外，其餘英美各種刊物上，簡真尋不出第二篇文章。傳記之學在英國是最盛行的，像一代學人如拉斯基教授，死後寂寞到那種地步。

真是出乎意料之外，蕭伯納死後，世界文壇上追念的文字算是盛極一時，美國時代雜誌那兩大頁的論文，算內容最為豐富，而英美書報上所有關於蕭伯納的文章，其議論的精闢，和對蕭伯納思想與人格之剖析清澈，我看孟真所做的〈我看蕭伯納〉是首屈一指。〈我看蕭伯納〉大概是孟真最後一篇文章，這一篇短短的文章結束了孟真三十年的文字生涯，這一篇文章，是孟真「等身著作」的壓檯戲。孟真在那篇文章中說：他不是學戲劇，他也不是學文藝批評，但是，像蕭伯納這樣一個題目，不是一個專家寫得好的，這樣一個複雜、迷亂、幻景的題材與人物，不是具有豐富的中西學識，超特的智慧，是沒法一刀劈下去的，孟真那一篇文章，把一個蕭伯納，一刀劈下去了。蕭伯納經他這一劈，由神奇而化為腐朽，把蕭翁的一生的魔術全揭穿了。孟真的不朽，那一篇文章就夠了。

　　朋友中近年胡適之的批評，說他是一個「保守的自由主義者」（Conservative Liberal），如果胡適之是一個「保守的自由主義者」，那末，傅孟真是一「急進的自由主義者」（Radical Conservative）。自由主義在中國自來了解的人不太多，自由主義在中國沒有發生重大的實際影響，這也許是一個原因，但是，在一百年變動的中國，自由主義沒有佔著重要的地位，是近代中國極大的悲哀。五四運動的精神，是一個自由主義極濃厚的社會思想運動，五四時代的人物，多半是自由主義中心的人物，連陳獨秀在內，在他臨死前的著作中，他的主張是要打倒任何方式的集權獨裁，他還是回到自由主義思想的陣營中。中國文化傳統，尤其是儒家思想，與西洋基督教文明，文藝復興時代的人文主義，都是十九世紀自由主義思想的強大基礎。自由主義中的尊重個人，發揮個人人格，注重人性，充滿正義觀念，這是中國文化傳統與西洋基督文明所共有的特點。孟真

的家世，是純粹的一個士大夫家庭。他的祖父是一位拔貢，他的父親是一位舉人，他在進大學以前，中國的經史已經極有根底，而且對中國的學術源流，也有明確的認識。一個大學預科的學生，能知推崇常州張惠言的經學，在今天聽了好似相當的神話。我本人沒有進過北京大學，我不太明瞭「五四」以前北大的學術空氣，照我的想像，當時的北大，漢學空氣似乎十學濃厚，孟真進的是中國文學系，他國學根底那麼深厚，當時他沒有墮入「國故」派中，跟著劉申叔等頑固下去，在學術路線上，我想是受著太炎學派的影響，好好精讀章氏叢書，尤其是《檢論》一類的文章後，就使不受西洋學術的影響，必能跳出「經生」的圈子。北大裡面的「經生」前輩，在當時實際政治上所表現的，替中國的「經生」生活作了一個慘澹的結束。一位中國文學系的學生，一變而成一個時代文化思想的領導著，這可以窺見孟真的精神軀殼之偉大，他的智慧吸引能力的尖銳。這是一個真正自由主義者發揮個人人格的地方。也是一個真正自由主義者，創造環境的地方。環境磨滅不了我的個人，紛華干擾不了我的主宰。自由與真理指示著我應當走的大道，這是每一個自由主義者應有的心胸與表現。論到「五四」時代的人物，陳獨秀、胡適之與傅孟真，見解智慧，陳傅都超過了胡，可是胡對他們有相當的化導作用，這因在當時，胡的基本西洋學識比他們兩人深入，孟真對胡，生平執禮甚恭。但他們不是師弟，世間所說傅是胡的大弟子，這是錯誤的，如果論思想見解，若說傅是弟子，那是青出於藍了。胡適之原來不是「經生」，而偏想鑽進「經生」的圈子，傅孟真有做「經生」的淵源資格而生平跳出這兩個圈子。有一個時期，胡適之抱著多種善本的水經註，出入國大會場，許多朋友替他捏著一把汗，而孟真當時大談俄帝的可畏，從俄國歷史談俄禍的發展可

能。傅胡的不同在此等地方，孟真的特別可愛，也在此等地方。胡傅同是可愛的人物，然而，胡適之真糊塗得可愛，傅孟真是敏銳得可愛。可愛是同，所以可愛的原由是不同。

　　凡與孟真接觸的人，多少有一個印象，說他驕傲，這一點，我承認一半。所謂孟真的驕傲，是他智慧學識的驕傲，而並不是待人接物的驕傲。此在西洋，所謂 Intellectual Arrogance 在西洋社會中，這種驕傲同樣使人不快，而容易使人諒解。但在中國，因為太講人情世故，因此容易引起反感。孟真的智慧學識，是值得驕傲的，他真夠得上說「學者根底」，什麼問題和他一談，他可以從根源談起，關於社會科學的範圍內，他夠得上「博大精深」四個字，他的治學方法，集合了中國經師和西洋的科學方法，在他死後，許多人對他的成就，發生感歎。似乎惋惜他沒有一部巨著遺留給後人，這一點我想中央研究所的同人，可以比我更有力的替他答覆。但由我看來，孟真不是「經生」，不能把「經生」的標準來測量他。一部巨著的有無，與孟真的偉大價值，並無密切的關係。他是歷史家，他是思想家，他是社會領導者，像這樣的人物，其可貴可傳，不必斤斤於什麼巨著的遺傳，譬如阿克頓爵士，他的遺著《思想自由史》，是他生前各種論文和演講辭的彙編。而他的歷史家的地位，只是劍橋的一個計劃者，他並無有系統的巨著遺留人間，但是他的學術地位，至今成為英國十九世紀的巨星。中國人論人論世，向來對於文人是要求太過。責備太苛。在學術思想方面，人們對於孟真要求得太多了。孟真學問的內容實在是豐富的，他備具著中國漢學家，西洋十八世紀百科全書派，近代數理科學家的全部優點。他的學術思想貢獻，在他散見各處的論文，在他在時代主要段落中的行動表現。近代中國學人中談得上「博大精深」四個字的實在不多。就在

現代世界學人中可以語此者，亦屈指可數。十八世紀法國的佛爾
說，十九世紀的阿克頓爵士。二十世紀英國的威爾斯與羅素，都可
說是代表的人物。拉斯基在學問知識方面，浸浸乎與此輩分庭抗
禮，而其見解的偏向，也可說年齡沒有太成熟。孟真在近十年中有
幾篇論文，譬如在重慶時所作〈邱吉爾論〉等，及最近所作〈我看
蕭伯納〉，正是今世界文壇第一流作品。我想我們衡量孟真，最好
把佛爾脫與阿克頓一類尺度來比倣他。他可能做羅素，但年齡與環
境不容許他，他相當做到拉斯基，但有許多見解比他平穩。我說他
是一個急進的自由主義者，進步與改造是急進自由主義者所必具的
優點。去年在臺北，有一個下午我們大辯論資本主義與社會主義，
他口口聲聲是贊成社會主義，但他骨子裡是一個自由主義者，自由
主義與社會主義終有一天會調和而混合的，孟真可惜死得太早了，
否則他對這方面必有極大的貢獻，我對孟真今天最大的悵歉，是在
此而不在彼！

　　熟讀中國歷史的人，看見孟真，終會聯想到他是東漢類型的人
物。他的危言高論，很像李膺、范滂一流人物，而他實際所遭遇，
則又似郭林宗。孟真使人不解，甚至招人忌嫉，乃至死後還有人加
以譏謗，就在此等奇妙的命運安排。在一般人看來，孟真既像黨錮
傳中人物、就應該得著李膺、范滂一流人物結局，而不應死哀榮，
至於此極。這正直得著引用毛以亨先生的話，像孟真的才、識、學，
說做一個臺灣大學校長，還要靠特殊的政治奧援，實在太不公道。
我想孟真一生危言高論而終未受到意外的傷害，一半是他的幸運，
一半也是時代環境。而於說他一舉一動，都存有機心，甚至甘心做
人的工具，這真是「厚誣賢者」。孟真的心地是潔白的，他對談論
政事，有時甚有興趣，而自己對實際政治，並沒有絲毫的興趣。說

他有政治上的慾望，實是太冤枉。至多只能說對名心未能完全刪除罷了。他是很好的談政治的人，而絕不是搞政治的人。他就對談論政治，也極容易倦，而且他的談政治，多少是激發於一種正義，出於奮不顧身的一擊。說他每次出擊，都是背後站著人，實在完全是誣陷的。說他另有什麼別的動機，也是冤屈他。中國的名流，東漢時代的人物，其實最為可貴，可惜那種類型的精神，被當時黨錮的慘酷教訓所摧散了。「西安事變」兩個星期中，我當時主辦南京《中央日報》，他幾乎每天晚上跑到我報館來，幾乎隔一天寫一篇文章，最後張學良和宋子文同機到京，我在《中央日報》寫了一篇〈應把張學良就地正法〉，當時幾乎闖出大禍。孟真當時攘臂而起，說他們如要正法寫文章的人，我們同去被他們正法好了。後來端納顧問在《字林西報》大寫文章，說南京一般人，有陰謀不願蔣先生出險。我寫了一篇〈驅逐端納出境，交該國政府嚴加管束〉。孟真第二天上午便跑到報館前，興高采烈似的走進我的房間，我問他為什麼那麼高興，他說：「今早讀了你那篇文章，特來表示我的共鳴。」當是我們對張學良與端納，毫無私人愛憎，為了立場，為了主張，彼此不期然有那一段興奮，當年聖誕過後，南京城裡正為「事變」的善後，鬧得滿天星斗，孟真寫信告我，他已關起房門，重理他的舊業了。在重慶時期，有一次在參政會開會前，我好幾次到聚興村他住的房內，看他拿著一小箱子，藏在枕頭下面，寸步不離，我問他裡面是什麼寶貝，他很緊張地說，這是他預備檢舉某大員的證件。後在參政會鬧了一陣，忽然來信說回李莊去讀他的書了。他對政治，喜歡談論，而容易厭倦，偶然奮不顧身的一擊，並不是對政治有興趣，而是激發於士大夫的責任感。他的胸中實在是一張白紙，潔白得沒有一點瑕疵。他終於不做李膺、范滂，而做了郭林宗，這

72

是他的命運，也是今天的時代，究竟與東漢末年有別。當時能抗日，今天還能反共抗俄，就是這個道理，時人不察，因為他沒有遭遇李膺、范滂一樣的命運，便硬是假想他一切行為，都是機心，這對文人太不忠厚，也是文人過於自輕，同時也是對時代過於惡意的詛咒。一位政治上負重要實任的人，對於一個學者特別尊重敬愛對於那位學者並無所增加，而在顯達者的本身，終是一件美德，何必定要說出這是相互利用的機構。今天早已沒有人願談世道人心，世道人心畢究還是有的。

後漢書范滂評述郭林宗說：「隱不違親，貞不絕俗，天子不得臣，諸侯不得友，吾不知其他。」我引這幾句話，並不是想比擬於孟真，但孟真絕不是恃才傲物的人。我上面說過，他的驕傲，是智慧學識上的驕傲，他待人接物，許多地方保持著中國士大夫固有的典型，他內心中還是十分謙和的。譬如他見了人，動輒稱「先生」，真是一點不倨傲，人家說他書生，看來好似他對人情相當隔膜，其實他談到人情真偽，真有特殊警闢的見解。他是有才華的人，雖然他的真學問和他的才華同等充實。他的風趣，所以常常引人入勝，譬如他講俞大維是好官，因為他是官僚家庭出身，這對俞大維一點沒有貶辭。記得在重慶時，有一次不知怎樣我們談論近代人物，雖然提到俞明震（恪士），我忽發議論說，俞恪士一位名翰林，為什麼到西江去做候補道。他立刻答我：「你為什麼現在當監察院秘書長？俞恪士當時不做候補道又做什麼！人世間幾個人能做有聊的事！」他這類雋語，真是旁人所不能說，而他的「貞不絕俗」，於此可見一斑。去年拉斯教授死後，使我回想到我多次在倫敦與他私人接觸，他的和藹可親，和他在講壇上與文章裡的尖刻，判若兩人。我腦筋中的拉斯基教授，至今是十分可愛的人物，我絕不覺得他尖

酸，也不感到他危險。我對孟真也是一樣，我在二十年來從未覺得他驕傲，我只感到他的熱情洋溢，醇厚有味。半年前我在臺北，每次見面，他必鄭重地說：「你如願教書，臺大隨時歡迎你，房子也可設法。」離開臺北的前夕我問他對局勢如何看法，「沒有看法，只有做法，只有我們自己如何努力。」這是他最後對我講的幾句話，永遠繚繞在我腦筋，永遠鞭策我向前努力！

　　每一個巨人的傳記，應該備具下列三種問題：第一：他怎樣成功了他——怎樣發展他的權威和怎樣把握住他的理想？第二：他的成功是怎樣的實質與形態？第三：他的主要人格是什麼？本文起草之初，我沒有預備替孟真寫傳，可是我根據這個大綱描述這位時代的巨人，讓我稍待，再替他寫一篇詳細的傳記。

民國四十年二月二日

《新聞天地》第一五六期

再記傅孟真

> 如孟真之人格學問，如孟真對國家社會之貢獻，
>
> 孟真為什麼不能不能驕傲？孟真永遠是這一個時代的驕子。

　　孟真參預政治，還是「七七」以後的事。廬山談話會結束後，跟著就是「八一三」，當時南京成立了一個國防參議會，大概各黨各派領袖及文化教育界名流，均有少數的領袖人物參加，孟真便是其中的一位。廬山下山後，他住在南京新住宅區北平路中英文化協會，後來胡適之也住在那裡，中英文化協會離我南京的寓所只有幾十步路，當時還有好幾位北大出來的教授，都同住在那裡，他們幾乎每天到我寓中吃飯。胡適之後來病痢，孟真每天陪他到寓中吃稀飯，後來適之不能起床，每天派人把稀飯送到他房中，孟真還是每天來的。從八月中到十月底我去歐洲，中間兩個多月，幾乎和孟真每天在一起。當時敵愾同仇，國論完全一致，所以大家除了團結對外，並無其他特殊的意見。第二年夏天，我從歐洲回到漢口，當時全國四方的人物，雲集在武漢，且在參政會成立的前夕。從那時起，孟真對政治的興趣，偏重在內政方面，尤其在澄清內政的空氣。他對孔宋的攻擊，至今還有人誣陷他受什麼人利用。據我所知，這絕對不確，凡知孟真的人，均深信沒有人可利用他，也正為當時衝鋒

75

攻擊的是他，所以在社會上發生相當的效力。此中許多事實，終有
一天為歷史所揭露。

　　記得在他揭露〈這樣的宋子文，可以下臺了〉那篇文章後幾個
月，有一次我到南京，他告訴我一個故事。他說在他那篇文章發表
的第二天，他去國防部訪陳辭修，在樓梯轉折處，遇見了宋子文，
他是上樓，宋是下樓，他說「我們兩個人都把頭偏過兩邊，裝作互
相沒有看見的樣子。」我沒有等待他講完就說：「你們兩位當時的
尊容是可想像得之。」孟真這種話，當然不止告我一人。以後許多
揣測，未嘗不是從此一故事旁面發展而來，我想孟真與孔宋一場鬥
爭，是國民政府政治潮派上一個重大的段落，國民黨執政二十餘
年，在黨內黨外，自來存在著一種鬥爭，便是士大夫與買辦階級的
爭持，這兩類人物，思想背景，行為表現，乃至生活習慣，氣味
標準，格格不相入。盈虛消長，與國民黨的黨勢和整個國運，都有
關係。孟真是士大夫階級中一個代表人物，也是此一鬥爭中的一員
前線鬥士。若說孟真在此一段政治活動中是受人利用，那就是中
國幾千年文化傳統力量的利用。也是中國數千年士大夫階層空氣的
驅策。

　　孟真是「五四」時代的代表人物，他受過西洋文明的深厚陶化，
同時因為讀過中國書太多了，中國文化的傳統，對他無形中是特別
濃厚。「五四」到抗戰勝利，經過三十年的歲月，孟真這一場奮鬥，
決不是戲笑怒罵的博人喝采，也不是什麼文章的精采，有如晚清江
春霖輩的奏章。它代表了一種時代意義，它也透露了一個時代的重
要消息。中國士大夫中的「通才」，有許多特點，是和西洋自由主
義者共同的。易經：「惟君子為能通天下之志」。又說：「天行健，
君子以自強不息」。中國的士大夫，不是代表那一個階級，它與歐

洲的「中產階級」絕不相同。士大夫階層的意識，隨著時代而不同，但是它必然代表了多數人的意見，必然注重「公平」的原則，更沒有忽視了「進步」或「改造」的需要，「自強不息」就是天天求進步，謀改進。士大夫沒有「既得利益」，士大夫是要打破「既得利益」的。國民黨先天與後天，都包含著深厚的中國文化傳統，也繼續網羅了中堅的士大夫階層，中山先生就是一位標準的「學通天人」之中國士大夫。第一次代表大會宣言中，明明白白揭櫫打倒「買辦階級」，孟真從歐洲學成歸國，適當國民黨改組之初，而且他執教的地方，是初期的中山大學，他是一個極端的愛國者，他所受的中國文化與西洋文化，驅策他於學術研究以外，畢生做了一件轟轟烈烈的奮鬥。歷史、真理，不因任何時代或權力而磨滅，孟真在這一段中國歷史的地位，是確立不能搖動的。他融合了中國文化傳統及西洋文明，在二十世紀中葉，在中國政治文化及社會的原野上，從事這樣一次重大的運動。孟真今天雖死，而孟真精神是不死的，自由中國的將來，一定是融合著中西文化的傳統，對時代環境作著適應的表現。

　　我初與孟真接觸頻繁，在中央研究院成立時，當時南京成賢街的中央研究院總辦事處，蔡先生常常住在裡面，我常去盤桓，和楊杏佛陪著蔡先生吃飯的機會更多。蔡先生是不吃飯的，在飯桌上，蔡先生席位上是一暖壺紹興酒，大概是六兩。蔡先生一個人獨酌，我們陪他吃飯。蔡先生酒吃完，接著吃幾塊烤麵包。孟真也常去吃飯，當時孟真見著人，總是昂起了頭，有時仰天噓幾口氣，就是在蔡先生旁也依然如此。蔡先生對這位學生，也熟視不怪。所以我常對朋友說，孟真的仰天昂頭，旁若無人，絕不是驕傲，如果說他驕傲，他是一種智慧學識上的驕傲，因為他智慧上卓絕，有時議論不

免偏激，人家抹煞了他的精采而記住他的尖銳。記得在重慶時，我住在陶園危樓中，孟真常來看我，我當時臨池甚勤，正撫虞世南廟堂碑，孟真坐在旁邊，有意無意中說，虞世南寫不得，我停筆問他緣故，他說：「虞世南是一位變相的貳臣呀。」後來沈尹默聽到了，大發雷霆，說傅孟真真該打屁股，沈在北大預科會教過孟真的書，沈這句話儼然老師面目也。孟真這一類話，自有其偏激與過正，然也正可窺見他的真性情。他在重慶時一日忽論當時五院院長：論孫科，說：「猶吾君之子也。」論虞、居，「是老黨人且是讀書人。」論戴說：「阿彌陀佛。」論孔：「他憑那一點。」三十五年制憲國民大會開會時，他是一位代表，幾千人的會場，是中國自有合議制以來的一個大考驗，孟真對立法院委員人數，提出一個修正案，他覺到七百餘人的立法院，將來極難執行審思的職責。他這一個修正案，在亂轟轟的會場中。糊裡糊塗否決了。從那次以後，我很少見他在會議中有何活動，短短的初期立法院一會期，他好像沒有發過一句言，提過一次案。

　　孟真從小以文名，然後來極不經意為文，此非他的短處，而正是他的偉大處。有人提起他的寫字，他絕口不談此道，而在重慶時，他曾向我索了許多張屏條，他指定要我寫「書譜」。其實他對此道十分內行，他自己寫的字，儼然是晉唐，尤其像「石經」。在重慶時，常有人當面把章太炎和他比擬，其實孟真那個人，並不太尖刻，憤世嫉俗有時特別表現劇烈，驕傲的指責，原因在此。生前身後，我最樂意為他辯護的也在此點，他並不是驕人，也不是驕世，可是他處在各群媚世者重重包圍之中，他的反感表現，使他似乎特別強烈地驕傲。所以他的驕傲，不是對人有何惡意或不滿，而是對狐媚世態的一種反擊，一種無言的抗說。在某一種觀點看，世界永遠是

混濁的，脅肩諂笑和光同塵，政客、官僚、奸商、地痞、流氓、買辦、洋奴、充滿了形形式式醜類的社會，有人格有抱負的人，面對這種形態，無可奈何而仰天長歎，昂頭看天，這樣驕傲，也是有心人無可奈何的一種表現。知人論世，我們正嫌驕傲的人太少了。十九世紀英國歷史學家阿克頓爵士，曾經一任國會議員，終其五年任期，他在議席上沒有開過一句口，人家叩其所以，他說：「人家說的話，我一句不同意，我說出來的話，人家也未必同意我一句，所以只好不開口了。」這種態度，正顯得一個特殊智慧的人何等倔強與驕傲。歷史上第一等人，驕傲的居多數，他們多半是驕世而不是媚世者。傅青主先生論書法：「學書之法，寧拙毋巧，寧醜毋媚；寧支離，毋輕滑；寧真率。毋安排。」論者說傅先生此語，不僅論書，實為人倫至言，世間被人目為驕傲的人，都是拙、醜、支離與真率的人。而決不是巧、媚、輕滑、安排的人。今天許多能員，許多「才堪肆應」的人，左右逢源，與人毋忤。都是既巧且媚，輕滑而工於「安排」的人。在此乾坤轉旋之時，旋乾轉坤之人，應該在那一類中去求援，這是一個極明顯的選擇。孟真一生為了驕傲而負謗，我想若欲平治天下，還是多見幾個像孟真那樣驕傲的人，而少見那種巧媚安排之人。如孟真之人格學問，如孟真對國家社會之貢獻，孟真有什麼不能驕傲？驕傲地留著這樣的成績在人間，孟真永遠是這一個時代的驕子！

我與孟真的交往

我在北大讀「天算科」

　　我在北大讀書期間，國學中我最佩服的，是傅孟真。我從和他談話裡，知道他在沒有進北大預科以前，對於「國學」，已有很好的根柢了。我這所謂根柢，並不是世俗常以稱早慧的「讀畢十三經」或「下筆千言」那些話的意思，而是在我起初和他閒談時，從他談話中，知道他對於治「國學」，非特能夠利用乾嘉以後的學者所得的成果，且時有很合理的新觀念。

　　北大預科分二部：一部是為將來進理科的人設的；一部是為將來進文科和法科的人設的。（好像當時是以甲乙分別的，我已記不清楚了。）我在中學時，受了章太炎先生「學術萬端，不如說經之樂」一句話（章先生在給人的信中說的）的影響，所以想進大學的經學門。民國二年北大預科招生時，大學本部已沒有經學一門。但在預科入學時，須填寫將來進大學本部時的科別，我就填一個「天算科」。一因、我想，清代許多經學家都是通曉天算的；視天算為治經所必需。我於文字訓詁雖略知門徑，但天算則非有名師指授不可。二因、我在中學時對於所習功課，似最愛好幾何一科。三因、

80

我在到北大入學以前，在杭州舊書舖裡買得江寧書局同治年刻版的
《幾何原本》和《則古昔齋算學》二書。二書版式裝訂一律、整齊
似一部書；當時頗引起我對算學的興趣。而孟真則於入學時似即定
進國文科的。我們在預科功課上雖各屬一部，而上課和住宿則同在
譯學館，因此，常得於課餘晤談。我們所談的題目，多半在學問上，
亦間及政治。無論在那一方面，我們的志趣大致相同。

任教國文系由於孟真的推薦

當孟真在預科畢業將要離開宿舍時，他約我作一長談。他勸我
將來進本科時，改入國文系。他譬諭百端，以為我非專治國文必難
有成就。我對他的話極為了解；我知道他這個對我鄭重的勸告，並
不是專為我個人學問的成不成設想，而是希望我對本國語言文學方
面作些有用的貢獻。我心裡雖亦感激他的正大的好意，但我仍不能
接受他的勸告。上段所提到的三個原因，在那時固然已不為重要，
但我在預科那些時間，使我覺得我已不能成天算專家，又不能成國
文專家。我自量只能做一個有健全常識的普通讀書人。要做這樣的
讀書人，似應該多知道一些邏輯，使自己在思辨事理時有較好的工
具。我想，我若能多學一點數學，則學邏輯時可以有穩固的基礎。
所以當我升大學本科時，我仍入數學系。

我在北大數學系畢業時，北大的當局頗想對預科的國文教學施
行新法。當時因校中國文系幾位教授的主張，我便留校任教理預科
的國文，這件事引起我一生以教授中國經典為業的端緒。我後來似
聽說國文系所以找我，和孟真亦有關係。這很可能；因為孟真畢業

時，系中本擬請他的，而他已考上山東公費留學英國，所以他有機會推薦我。（我後來亦沒有提起這事問孟真。）

民國十七年，我在德國柏林。一天，中國駐德使館告訴我，廣州中山大學有電來請我到中山大學教書。我雖然事先沒有接到孟真的信，知道這必出自孟真的意思；因他那時在中山大學文學院院長，而中山大學裡只有他會請我教書的主張。我當時已不能如期回國任教，亦沒有寫信告訴他不能立即回去的原因：這是我懶惰的毛病。後來他離開中大，我便沒有機會去應約了。

兼任北大圖書館館長

十八年，北平各國立學校恢復秩序，北大史學系要我回校任教。我是十一年由北大史學系資送赴德留學的；後雖因政局混亂，公費久停，但因母校關係，我不得不回國。我十九年春天回到國內，孟真早已在北平了；他所主持的中央研究院歷史語言研究所即設在北平北海公園內。我回北大後，在史學系任教；二十年春兼任北大圖書館館長。這個兼任，是由於孟真的推薦。他知道我教書非所長，對於網羅文獻，則向所愛好。那時北大缺一圖書館館長，他便極力推薦我來兼任。（抗戰後北大復校，在胡先生由美回國前，孟真任北大代理校長，囑我再兼任圖書館長，當亦由於同一心情。）

我平生教書做事，可以說多半由於孟真的提攜。我安於優游，常以一個業餘自居；這是孟真所最不滿意的。我有時亦自恨不自振作，實對不起對我有期望的人。來臺後，孟真曾對我說。不是因時局關係，我決不會請你教書的。我深以他的話為合理。

82

人間一個最稀有的天才

　　胡適之先生以孟真為「人間一個最稀有的天才」（傅孟真先生集序），這話並不過分。他在做學問的一方面，是大家所知道的，我不必再說了。在他的鑑識人才的方面，我在本社十一月二十日的座談會中曾說了一個故事：在北大預科讀書時，有一次他對我說：「張皋文在清代學者中。文章和學問，都是第一等的，而都不是第一。」我雖然對他所說的「第一」的含義不十分清楚，但頗驚駭他誦讀的廣博，見解的卓越。弱冠前已這樣，所以後來主持學術機關能有極可觀的成績。那天許多孟真的生前的朋友在座談會中所舉出孟真知人善任的實例，都是對孟真先生的生平最有價值的談話。

　　講到這裡，我有一個比較重要的感想作我這篇文字的結束。我以為孟真的偉大，似不止於能夠知人，能夠洞觀現代學術的流向。他的最偉大的地方，在他的大公至正的存心。從我知道他以來，他所最關心的事情，自然是我們國家裡的學術。他竭盡所能使我們國家的學術得以進展。從他主持中研院的史語所，以至代理北大校長和任臺灣大學校長，凡所設施，決沒有絲毫為私的意思。我常想，對一個國家學術機構的首長，學識固然重要，公正無私尤為重要。孟真學問上的天才，固然是稀有的；而他的大公至正的心胸，則尤為罕見！

憶傅孟真先生

朱家驊

　　民國六年在北平，沈尹默先生對我說：「傅孟真這個人才氣非凡！」我當時並不認識他，到了民國十五年我在中山大學為了充實文學院，要找一位對新文學有創造力，並對治新史學負有時名的學者來主持國文系和史學系，和戴季陶、顧孟餘兩先生商量，聘請他來擔任院長兼兩系主任。是年冬他從德國回來到校，馬上全力以赴，他延聘有名教授，自任功課亦甚多，十六年春，更在文學院內創辦歷史語言研究所，他對教務貢獻甚大，當時中山大學的聲譽隆盛，他出力很多。

　　我從那時起和孟真先生相處，二十多年來很少分離，十七年夏中央研究院成立，他於是年底應聘任歷史語言研究所所長，所務以外並襄助蔡子民先生籌劃院務，院內一切制度的確立，和各種方案的訂定，他貢獻了不少的意見，後來中央研究院的發展擴充，他有很大的功勞。他一生的興趣，都寄託在史學方面，平素的精力，也都放在史語所裡面，抗日軍興，史語所由南京而長沙而昆明，最後遷至四川宜賓李莊，勝利以還，搬回南京規復設施。喘息方定，復以匪禍，撤退臺灣，這十數年來一再播越，所內各項研究工作之進行，由於物質條件之欠缺，當然不能悉如原定計劃，但是他深自刻苦，領導工作，成績斐然，自始至終，未嘗稍有鬆懈。

中國雖是幾千年來史籍最完整的一個國家,卻在史學的研究,尤其在方法上,一直沒有什麼進步,到了章實齋才算有些革新的見解,若是要說真正的新史學,那還是最近二十餘年來的事情,在這一方面的領導,孟真的確是個主要的力量。

因為他是史學家,從歷史的研究,他深知人類的文化是怎樣的演進,以唯物治史,是個絕對的錯誤,他更深知人類是愛好自由,愛好平等極權統治,階級鬥爭,都是滅絕人性,違反進化,暫時容或得逞,終久必歸失敗,決不會把文化的體系從此推翻,文化的演進,本來常有曲折,並非直線向前,譬如海上驚濤,因風而起,風過自止,他認清了這點,所以一向反共,十六年的清黨,他不僅是竭力主張,而且從中出過力,在最近幾年來的赤流狂潮裡,許多自命為知識分子的,經不起風波,靠攏投降,比比皆是,唯孟真堅定不移。屹然獨立,成為中流砥柱,而挽回頹風。

孟真為人,磊落軒昂,自負才氣不可一世,執筆為文,雄辭閎辯,如駿馬之奔馳,箕踞放談,怪巧瑰琦,帶目空天下士,因此,有人目他為狂也有人說是狷,狂也好,狷也好,正是他過人之處,唯其狂,所以富於情感篤於友誼,唯其狷,所以辦事能堅持主張,確守職責,為要貫徹他的主張,完成他的職責,他常常能力排群議,獨行其是。因為我對他有了這個深切的認識,所以有許多事情,認為非他莫屬的,就時常推在他的肩上,而他自己為了國家,為了友誼,也時常見義勇為,不辭辛勞。

說到這裡,我覺得在友誼上實在對他很多抱歉。二十二年春我還服務於教育部。以很少的經費請他負責籌備中央博物院,他竟能以這些少得可笑的錢,精心規劃,樹立初基,以後他雖因職務關係推請李濟之先生繼任。但他也始終深切關心的。二十五年我應蔡先

生之約，任中央研究院總幹事，冬間奉命主浙，一再堅辭未果，而勢難兼顧，其時蔡先生又患重病在滬，同仁等集議結果，要我暫勿向蔡先生提起，只得勉強拖延下去，雖有時亦分身到院工作，但所有事務，都偏勞孟真代為處理，次年七七之變，淞滬戰事旋起，浙江首當其衝，不能稍離，而京中告急，更無法兼顧院事，在這個一年餘之中，院內緒事無論巨細，悉承孟真照料，甚至全院西遷，也都由他一手辦理。二十七年夏蔡先生始准我辭，二十九年，我繼蔡先生之職，請孟真擔任總幹事，為了院，為了朋友，他欣然的答應下來，總幹事是院內實際行政的總樞，而孟真辦事又是特別富於責任心，因而，在這個時期裡，他就得了高血壓的病，病後始脫離總幹事職務，這件事使我至今猶覺耿耿。抗戰勝利，各校復員，北京大學地位重要，我和他商量，想請胡適之先生擔任校長，他也極力的主張；不過胡先生不能立即回國，結果，又把代理校長推在他的身上，他當時雖表示不願，但北大是他的母校，而胡先生又是他的老師，我以大義相勸。也不得不勉強答應，從昆明遷回北平，再以後來的規復設施，又是一件極繁重的事情，使他身體再度的吃了大虧，所以到了三十五年冬天胡先生回國以後，我就力勸其赴美療養，臨行的時候，還贈我一張照相，並且說了一句很沉重的話，他說：「這次出去，能否再見，難說得很，希望以此為念。」我當聽了這話十分難過，也只得說了幾句安慰的話，使他寬懷，後來屢次接他函電，知道健康逐漸進步，友好之間大家都為之欣慰。三十七年冬匪氛已甚猖獗，他力助院的搬遷，並且首先把史語所完整移臺，不久臺大校長出缺，大家正感到臺灣的重要性，或將因此而更為增加，想把他變成為文化的中心，所以對臺大校長的人選也不能不特別慎重，我考慮再三，覺得只有再和孟真先生商量，當時他回

國不久，宿疾方瘥，當然不願再任繁劇，重損健康，可是我復相勸，他又公而忘私，慨允擔任，這兩年多來，他不但處理校務辛勤備至，而且對教育文化界撤退來臺之人士，亦竭誠接待。在他去世的前幾天，閒談之中，他忽然對我說：「你把我害了，臺大的事真是多，我吃不消，恐我的命欲斷送在臺大了。」當時我只以為他因感覺辦事的辛苦而出此苦語，不意數日以後便成讖言，更使我悲痛萬分，有負良友。至於他的逝世對於國家社會的損失，尤其無可補償了。

　　回憶二十五年前，在廣州相識之初，情景歷歷，還仍在目前，而人命危淺，倏已淹忽，搦筆書此，淚隕如雨！

民國三十九年十二月二十九日於臺北

（《臺大校刊》第一〇一期

並見三十九年十二月三十一日《中央日報》）

傅先生在政治上的二三事

王世杰

不滿祖先傅以漸在清朝作官

不記得是在重慶還是南京，有一次我問他，你的老祖先傅以漸
是怎樣一個人？他不回答。他知道我一定是對傅以漸在清初做大官
一事心裡有所不滿，所以有此一問。他不回答，我也就不再往下說。
不過也可以看出他對其先人之不滿，是由於強烈的民族意議與愛國
思想。

勸胡適之出國辦國際宣傳工作

另外一段事是孟真先生與胡適之先生出國工作問題的關
係。在民國二十六年七月廬山會議，適之先生到了廬山，見過了
蔣先生。八一三滬戰爆發之後，那時在南京蔣先生對我說，我們
現在的國際宣傳工作非常重要，我想找適之到歐洲和美國走一
趟，替我國做些宣傳工作。這事我很贊成，我就去找適之談了兩
三晚，適之先生未肯應允；但後來我請傅先生前往勸說，傅先生

在南京中央研究院竟把適之先生說動了。胡先生於八一三事變後，初則有與南京共存亡之決心，終因傅先生之勸說，斷然出國赴美，作國民外交工作，前後歷數年之久。傅先生此一勸說，影響至大。

古寧頭與登步島雙雙告捷

民國三十八年，大陸撤守，政府播遷臺灣，一時人心惶惶，都以為國民政府的戰鬥力已失，沒有希望了！當時從臺北到新竹，甚至有反對蔣先生的標語出現；而國防部的次長，居然竟是一個匪諜！在此危急存亡之秋，國軍在金門前線古寧頭，和舟山群島之登步島，雙雙告捷，殲滅進犯之匪軍數萬人。因此赤焰稍殺，臺灣的情勢乃得以穩定。是以金門古寧頭和舟山登步島之捷，可說是扭轉危局，安定臺灣和中興復國的契機。

當舟山的情勢正當十分危急之時，種種跡象顯示匪軍即將大舉進犯，當地之軍事指揮官於夜間電話請示，謂在眾寡懸殊，彈藥不繼，情勢極端不利之情況下，國軍將何以自處？究竟是抵抗還是不抵抗？時東南軍政長官陳辭修將軍忿然表示：「我們現在還有什麼問的！還有什麼選擇！就只剩下臺灣一省和東南沿海的幾個小島，而這些小島正是臺灣的屏障，倘若再守不住，通通完了，退此一步，即無死所！還說什麼抵抗不抵抗！」他拿起電話就說：「你們給我打至最後一人！如果有不聽命令的，就軍法從事！」國軍在哀兵的情況下，在登步島打了一場大勝仗，消滅進犯的匪軍上萬人。

將左傾份子與共黨學生遣回大陸

在後方即臺灣島上當時也有一事是重要的安定因素。由於左派共黨學生滲透到各學校，鼓動風潮，造成社會不安。在金門和舟山兩次軍事勝利之後，陳辭修將軍就採取行動，清除這些製造風潮的左派份子，他得到傅孟真先生的充分合作，從各學校搜捕了一千多名共黨學生，用船遣往大陸。這些壞份子一去，臺灣內部社會乃趨於安定。

以上兩事是使臺灣在民國三十八年風雨飄搖之中得趨穩定的重要因素，而第二件是跟傅孟真先生有關的。傅先生他在學術文化上之事蹟和成就，大家都知道得比我多，我今天只舉一些他在政治上較少人知的二三事，向各位作簡單的報告。

孟真先生的個性
——坦白、負責、尊崇真理、富主義感

孫德中

一代學人傅孟真先生不幸逝世了！關於傅先生的學問、著作、和他過去在文化上、社會上、政治上、以及年來對臺灣大學的貢獻，昭昭在人耳目，毋須我再詞費。此刻我只想就他的個性，他的為人，作簡單的介紹，以表示我個人對老學長的哀思和紀念。

孟真先生的個性，第一是坦白。他心裡所想的，他要直截痛快的說出來，淋漓盡致的寫出來。加以他的天才與學養，所以嘻笑怒罵中全含至理，豪放恣肆內皆顯才識。他如高興時，天真得像一個兒童，他不滿意時，也就赤裸裸的表現於語言態度，絕不當面敷衍。

孟真先生第二種個性是負責。他說話負責，做事負責，寫文章負責；也可以說凡用上傅斯年三個字的時候，他就認定他已負有責任。在主持臺大期中，他未嘗不知道自己的血壓高，隨時可能發生危險；但任何大小事情，他都注意，要縝密觀察，詳細調查，徹底明瞭，合理解決。因此，在他身體需要休養的時候，他硬是掙扎著去拼命。甚至他不敢去訪問醫生，不敢去檢查身體，硬想依靠精神上的自信力，去與病魔奮鬥。就在這樣時時刻刻要負責的情形下，

拼掉了他的命！我想他若不能擺脫臺大校長的職務，他的責任心，始終是威脅著他的性命的。

孟真先生第三種個性是尊崇真理。他在學術研究上是抱著這個態度，就是做人處世也一貫本著這個態度。因此他在思想上，自然極富自由主義的色彩。也因為這個原因，他必然要批評共產黨，抨擊蘇聯的政策。所以，他雖然不是國民黨員，但在政治主張上，必然的也要循三民主義的路線走。因此，他在重慶，在抗戰近勝利的時候，對當時政府的措施，往往發牢騷，或者公開批評，這也是不足怪的。在臺大校長任內，他竭力提倡學術研究的風氣，啟導學生自發自動的精神；而對於普通式訓練，他雖未表示深惡痛絕，但是憎厭或不重視，則是事實。

孟真先生第四種個性是富正義感。看他待人接物，和藹懇摯；友朋小敘，談笑風生。表面上好像是個極圓通的人。但是他對律己處事，是極方正極嚴肅的；對是非善惡，辨別得非常認真。因此，他愛主持公理，打抱不平。在當學生時代，是這個脾氣，在進社會服務後，也還是這個脾氣。參加舌戰、筆戰，總歡喜爭得到一個結果；討論各種重大問題時，更是激昂慷慨，不避權勢，在最近的十年來他內心上已焚燃著正義之火，逼他走出學術之宮，要分一部分精神來顧問國事。他的話，是代表千萬人民的隱泣和怒吼！他的話，也寄託著對祖國的復興和再生！他常說，現代中國之有蔡先生（子民），好比兩千年前之有孔子；在北大同學當中。他雖不敢比擬顏淵、子張、子夏各及門弟子，但是子路亦不壞。他為什麼要以子路自居？他欽佩子路那一點長處？他的個性和子路有無相同的地方？據我看來，他佩服子路只佩服子路的一個「勇」字，不肯「見義不為」而已。他是絕頂聰明的人，但是他願意而且歡喜做

愚笨而得罪人的事。孟真佩服子路之處在此，我們佩服孟真之處亦在此。

「富貴不能淫，貧賤不能移，威武不能屈」，也是孟真先生時常引述的話，他總自謙恐難做到。現在他結束他的生命，古人謂「蓋棺論定」，我想以此三句話來形容孟真的為人，該不會是溢美吧。

此外，孟真先生的個性是幽默，這是西洋人所稱道的高級風趣，而不是尖酸刻薄。還有他的生活的平民化，這也由於他信仰自由主義，與民本主義自然不肯擺臭架子。還有因為他富有同情心，所以視臺大學生如子女，時刻關心他們的生活，健康和學業。

孟真先生是死了，綜合他的個性和一生事蹟來看，可說是文化的鬥士，民眾的喉舌，青年的導師，國民黨的諍友，和真理的擁護者。他的死，不但是學術界的損失，中國民族的損失，也是整個世界民主陣營的巨大損失！

（《臺大校刊》第一○一期）

損失太大了

何定生

一

我初見孟真先生是在二十一年前。倘若我記得不錯,他是從歐洲回來不久。他在英國和歐洲讀了七年書,不考學位;和在北大的「五四」時代為「新潮」的風雲人物,這些大的事件,好像都沒有叫我注意。他給我最深刻的印象只有綜合的一個:他和我們一樣年輕,是我們一夥的人──雖則那時他是大學的「文科學長」,而我則是個大學一年生,他的年齡遠比我大。

是的,他是我們青年一夥的人。這不是論證,而是我內在的直觀感覺。膽小如我,在見他以前,想到見一個像「傅斯年」這樣一個「大」人,是會膽子更小的。但我又不能不見,這就只好先寫一封信──寫信是膽小的人發明的──果然,我見他了。故事於是繼續下去。大約在一個星期後的一個下午,我從「文科學長」的辦公室衝出來,逃入大禮堂──因為那裡沒有人,我在那裡把我沒有法子遮藏起來的熱淚藏在我的衣襟和手絹上。

傅斯年是青年一夥的人──單說「朋友」還不夠。

他看我們如小兄弟。他說的雖是山東方音很重的國語，但他真的在那裡說話，和他那山東人的「直」一樣，一句算一句，沒有裝飾。他不像一個「新潮」的風雲人物，更與在英國和歐洲讀了七年淵博的書無關。在小兄弟們面前，他毫無武裝。不過你要記得一件事，就是：他有一種富於暗示的力量。有時在一句簡單的話裡面，他整個人都是一種暗示，他會給你一個壓倒的力！那時，我會摸著一個詩人的「煙士披里純」，一個真的正義感。那時，我看見一個「大」的人格，我「畏」他。我接觸著「新潮」叱咤的潛力，和在英國和德國的七年的涵義。

雖然「畏」他，但我愈喜歡親近他，我簡直是愛他。他也和我們一塊兒玩，有時一塊兒吃飯。他愛我們。他和我們談心。他是那樣單純，那樣富於風趣。他明明是我們青年一夥的人，也是青年的畏友！

這是二十一年前的孟真先生。

二

民國三十五年冬天，我在北京大學見孟真先生，已經是闊別十七年了。髮白了，臉色也黑一點，那時他正代理北大校長的職務。那天我是同著楊今甫（振聲）先生見他的，他說了幾句話就匆匆走了（因為他得出席大學的會議）。我感到一種無名的欣慰，我覺得他依然年輕。

這年輕直到民國三十八年秋天的一個晚上，再印證了一下：他和我在臺大的校長住宅足足談了兩小時，除了頭髮白和臉黑了一點，我覺得他仍然是二十一年前的孟真先生。

他是年輕一夥的人，也是青年人的畏友。

三

我來臺大教書，毋寧說是為跟踪這個二十年而年常青的憧憬。在有史以來未有之奇變人鬼交拌極盡波詭雲譎之致所謂面臨大時代的劇亟四十年中，我們竟然眼見如此一個不受玷污的偉大青年人格，真不能不說是一個奇蹟。

四

人真奇怪，對於所願親炙的人，反倒常疏遠起來。我來臺大後，只有一次論到關於孟子的修養問題，是我和先生第二次較長的晤談，這已是今年一月間的事。以後正式的晤談很少。但我總以為來日正多，尤其是十二月中他來教職員宿舍，並存問我的病的時候，我看他那精神的活潑，更放心了。想不到才過十天，他就突然逝世了。我得到這噩耗趕去看他時，他已躺在殯儀館的屍床上。我看他那安詳的面容，我起了一個奇想：這樣一躺下來就真失去了那個偉大人格所代表的青年畏友的孟真先生麼？倘若真是如此的話，那麼，青年的損失真的太大了。

十二月二七日在臺大

（《臺大校刊》第一〇一期）

敬悼傅孟真先生

屈萬里

一

可敬的傅孟真先生，溘然與世長辭了！他那淵博的學問，卓越的識見，浩大的氣魄，堅強的毅力，和守正不阿的精神，人們有其一，已屬難能可貴，他兼而有之。毛子水先生說他是「天下奇才」，絕不是過譽。他這才學，豈並世無雙；求之於古人中，真也少見。然而，他竟在國家風雨飄搖，臺大基礎未固的時候，而辭謝人世了！「人之云亡，邦國殄瘁」。這怎能不使人悲慟呢！

十二月二十日──這個不祥的日子──的夜裡，近十一時了，一陣緊急的敲門聲，把我催下床來。我得悉了孟真先生突然患腦溢血的消息，匆忙地趕到省參議會時，已是十一點二十五分。當我踏上樓梯，剛要進入會議室時，迎面碰到了一位同事。他含著眼淚對我說：「傅先生已經不行了！」

會議室裡，騰起一片啜泣的聲音。我走到靈床前面，注視著他的遺容，莊嚴而和藹。我這時異常鎮靜，鎮靜得使我現在想來，感覺著有些奇怪。我沒有流淚，也似乎沒有什麼感想，我似乎是對著他生前的面容，聆受著他的聲音笑貌。我的神經似乎並沒麻木，我

97

還能給治喪委員會作紀錄、開名單；次晨二時半從殯儀館回到宿舍時，我還能和李孝定先生商量天明後應作的事務，還能草擬治喪委員會召集開會的函稿。之後，躺在床上，雖然很久沒能入睡，雖然根觸萬端，但我始終沒落下一滴眼淚。

早晨七點鐘，剛吃下兩口稀飯，新生報來了，我遙遙地看到它那行大字的標題，那觸目驚心的標題，針一樣的刺著我的心弦，一陣陣的酸氣從胸中湧上來。我勉強用稀飯來壓抑住了這酸氣，我足然忍著了眼淚。

離開宿舍走向學校，好像天地都變色了。慘淡的愁雲，淒涼的悲風，和朦朧的山色，襯出一幅悲慘的畫圖；鳥兒在唱著輓歌。甚至於一向天真活潑趕早班的小學生們，今天的面色也似乎變得愁苦欲絕了。當我進入學校路過我上課的教室時，已經有幾個學生在那裡徘徊。我告訴他們：「校長病故了！今日停課誌哀。」我還要告訴他們校長病故的經過時，抬頭瞥見了學生們哀戚的面孔，悲哽阻塞了我的喉頭，我再也說不下去了。「啊！可憐的孩子們，你們再也看不到你們慈母似的傅校長了！」我想到這裡，熱淚一滴一滴地流下來。

我走上辦公大樓，那使人傷感的「校長室」的牌子，首先映入了眼簾。我故意把視線轉移，用以淆亂我的悲哀情緒；但當我踏進校長室看到工友陳甘正站在窗前啜泣時，我的心彷彿爆炸了，不自主地聲淚俱下。

時鐘的短針指向九點了，樓下傳來一陣汽車的喇叭聲，悠揚而柔和，和往日一樣；但走上樓來的卻不是孟真先生那沉重的腳步聲。校長室裡員工們甫經停息了的抽咽聲，這時又沸騰起來。淒風搖撼著窗子上不牢固的玻璃，天色更陰沉了。三三五五的學生散立

在樓下，不少人用手帕擦著眼睛。「你們還在癡望著你們愛戴的傅校長來臨嗎？他不會來了，他永遠不會來了！」

二

孟真先生雖然是聊城的世家，但當他幼年時，家產已經衰落了，他是一個窮苦的孩子，他那天縱的聰明，使大家目為神童。他既肯用苦功，又因為和同城的楊家有親戚關係，馳名海內的海源閣藏書，可以任他閱覽。所以在未進入北京大學之前，他已經「讀書破萬卷」了。

株守著一個題目，孜孜矻矻的做上幾年，然後博得一個學位，這在他是看不起的。所以他在倫敦大學，在柏林大學，都不專攻一種科目。他研究歷史、研究心理學、研究物理學、研究數學、研究醫學，都有湛深的造詣。抗戰期間，一位中央醫院的醫師，在重慶和他初次晤面後，很驚訝地對人說：「傅先生的的醫學知識，比我豐富得多。」去年臺大教員們討論大一數學課程時，他也參加。散會後工學院長彭九生先生像發現了什麼奇蹟似的對人說：「我沒想到校長先生對於數學也有這麼深的造詣。」

我在未認識他之前，由於拜讀他那些關於文史的著作，而激發了我治學的志趣；但到既認識之後，為他那淵博的學問、高明的見解所威脅，好幾次使我神志沮喪，幾乎拋棄了治學的路子。他總喜歡說：「老了，記憶力不行了。」但當聽到他談學時，群經固不必說，就像國語、國策、重要的先秦諸子、史記等書，和三都兩京之類冗長而不為人所喜的辭賦，他都能成段的背誦。二十四史，他徹

頭徹尾看過兩遍，三千年來的中國史實，他說來如數家珍。歷代名家的詩文，他記誦得那麼多。你聽了他那胸羅萬象的談吐，不能不驚怖其言，若河漢之無極。我幾次在想——像他這樣對自然科學、世界史都有高深造就的人，而於本國文史，還有這樣驚人的成就；像我這點「小知」，還有什麼希望去治學呢？

由於他攻擊孔祥熙、攻擊宋子文、那種叱咤風雲的氣概，很容易使人想像著他是個威嚴赫赫不可親近的人，其實是適得其反。他對於濁官大老，雖然常常不客氣；但他對於低級職員、學生、工友，是那麼和藹可親，真夠得上說是：「溫其如玉」。他完全是書生本色，絕沒有什麼濁人習氣。他經常地和他的汽車司機下棋，他有時獨自跑到寧波路，花上兩元錢，蹲在路旁客客氣氣地向擺棋式的人請教。他往往親自跑到學校的合作社裡買麵包吃，碰到學生，有時被敲竹槓而以麵包請客。

從七七事變以後直到現在，他無日不在過著窮苦的生活。在四川，一到窮得辦法時，就去賣他心愛的書。他除了以書易米以濟自己的眉急之外，還賣書去周濟朋友，甚至周濟到一個滿頭癩瘡的八歲的乞兒，他養了那乞兒近乎一個月，治好了他的瘡，醫癒了他的病，然後訪到乞兒的親屬把他領去。

他現在當著大學校長，一般人也許覺著他不應該再鬧窮了；殊不知他和夫人俞大綵女士兩個人的薪津收入，僅能維持他們最低限度的生活，最近他拿到一筆稿費，想託劉瑞恒先生在香港買一套現成的西服；但他只能買一件上衣，買全套就買不起。他說：「幸而我還有沒破的褲子。」

他雖然窮到這樣，但他從來沒有領過雙薪。抗戰期間，他雖然窮得常常賣書，而在一般人認為二者可以得兼的薪津，他絕不苟

取。他領參政員薪時，就不領中央研究院的薪津；在研究院領薪時，就不領參政員薪。當政府發表他做臺大校長時，總統並聘他為資政。那時，資政除本身的特任薪俸之外，還可以支領兩個簡任秘書和兩個副官的薪津，這些薪津，在習慣上，是可以和臺大校長薪津並領不悖的。可是他不但沒領過資政和那些隨員的薪津，甚至於他那資政的官銜，連跟他十年以上的秘書，都是後來聽人說方曉得的。這種有為有守的作風，真可以使頑夫廉、儒夫有立志。

他這些不平凡的事蹟是說不盡的。總之，他的為人，恰可以用孟子的話來讚頌他，那就是：「窮則獨善其身，達則兼善天下。富貴不能淫，貧賤不能移，威武不能屈：此之謂大丈夫！」

三

孟真先生在學術界的建樹，成就最大的，是他一手創辦的中央研究院歷史語言研究所。只要看他把語言、考古、人類學和歷史合在一所，已決不是民國十七年前後一般學人的識見所能企及的。他治學的口號，是：「有一分材料說一分話」，不作懸想的論斷。他完全以科學方法，運用最原始的材料，作實事求是的研究。自從顧頡剛等豎起懷疑古史的旗幟，天下風起雲湧；但他們只有破壞，沒有建設。而歷史語言研究所，則運用科學的可信的材料，從事於本國史的建設，史語所替中國文史界開了一條大路，孟真先生本人，則是開路的急先鋒。

以科學的方法研究語文，在我國，固然是史語所的語言組導其先路；以科學方法從事於田野考古，也是由史語所的考古組開其先

河。史語所在國際上是佔有相當地位的學術機關，而考古學方面的成績，在國際間的聲譽尤為卓著。

史語所年齡較長的研究人員，都是蜚聲國際的學者。孟真先生而外，如陳寅恪、趙元任、李方桂、李濟、董作賓、凌純聲諸先生固然都是第一流的學者，即年事較輕的研究人員們，也都已各有千秋。學術為國家的命脈，在孟真先生領導之下培養出來這許多人才，和他在學術上開創風氣之功，在國史上是值得大書而特書的。

然而他主持他所創辦的史語所，二十多年以來，也夠辛苦的了。七七事變後，他主持著史語所的全部圖書文物西遷，由長沙而昆明，以至到川西的李莊，費盡了千辛萬苦。除了史語所的書物而外，還拖了一個中央研究院社會科學研究所，一個中央博物院，一個營造學社。假若沒有他那種大氣磅礴的魄力，這種大規模的播遷，是無論如何辦不到的。

抗戰期間，八年艱苦的歲月，他為了維持史語所，真費盡了心血。他千方百計的來維持研究人員的生計，使他們能安心治學；他對於生病的人那麼關心，他想盡方法來給病人弄錢養病。因患肺病而割掉七條肋骨的某君，假若不是孟真先生督著醫生治療，假若不是孟真先生想法子給他弄錢休養，那無疑地在九年以前已經故去了。

他想盡方法給他貧病的屬員弄錢，然而他卻為自己的生活而屢次賣他心愛的書。

現在史語所圖書文物，又全部搬到臺灣來了。史語所的人員們，又開始在過艱苦的生活。可是偉大的孟真先生竟在這時候撒手永逝了！

四

「夠大的臺大」，這是今夏某記者描寫臺灣大學時所用的標題。的確，臺大是夠大的，這點人所共知。可是辦理這所大學的困苦，就非一般人所能意料得到了。

中日學制不同，日本大學的設備是不完全適合於中國大學的，中國大學一年級的全部課程和二年級的大部分課程，在日本，都已於高等學校裡修習了。所以由「臺北帝大」變成的臺灣大學，關於一、二年級應有的設備，如大教室、普通儀器、一般性的圖書等，或者壓根兒沒有，或雖有一些而距離實際需要甚遠。因而建築大教室，補充圖書儀器，乃是刻不容緩的事，孟真先生到校後就針對著這一方面，努力去做。去年夏天，已完成了十二間大教室；到現在為止，普通的圖書儀器，都已有大量的補充。在設備方面，勉強可以應付教學之用了。

「臺北帝大」所遺下的第二個難題，是學生宿舍的缺乏。學生由「臺北帝大」的數百人，已增加到現在的三千多人。大部分的學生都沒有宿舍可住，影響學業至大，這情況是非常嚴重的。於是孟真先生又費盡心力，籌建學生宿舍。從他到任時起，就忙著這件事；到現在止，所有的學生宿舍，已能容納兩千人以上。學生的住宿問題，至是又算解決了。

以上兩件事情，所用的錢數，是相當龐大的。這，多虧了臺灣省先後兩位賢明主席——陳辭修先生和吳國楨先生，他們都能認清了這些事情的重要性，而竭盡全力為孟真先生幫忙，因而才有現在的成就。

　　他最敬重讀書人，他聘請教員非常慎重，也可以說對於教員名義的給予，是非常吝嗇的。對於好的教授，他百計千方地邀請他；可是也有不少大力的什麼委員什麼長之類的人，欲在臺大求一教職而不可得。兩年來臺大增加了不少的名教授，而同時孟真先生也得罪了不少的人。他這作風，不僅對學生的學業，有重大影響；同時也把多年來為了窮而被人輕視的教員身份，無形中給提高了。教員是社會上的清流，士風關係著國運，這對國家的影響是非常重大的。

　　他對於招收學生之認真，真可以說是無以復加了。介紹學生而不由考試入學的事，固然絕對沒有；但就考試說吧，出題時之審慎，和印題時關防之嚴密，迴非外人所能想像。印題的場所，門窗都糊得撒土不透，室外密布著崗警。有人用「如臨大敵」四個字來形容它，卻恰到好處。兩年以來，筆者曾在這臨時監獄裡坐過三個整夜。

　　關於公費生名額之爭取，擴充學生各種獎助金，他都不遺餘力。對於生病的窮苦學生，他想盡方法幫助他們。對於成績優越的學生，他真能愛才如命。

　　對於職員的任用，他的作風也和別人不同。除了具有信託關係的人員之外，多半是經由考試的方式錄用的。沒有真正作事能力的人，無論什麼大力的人所介紹，他相應不理。可是，有許多毛遂自薦的人，經過詳細地談話之後，卻被他錄用了。有些人是因為在報紙或雜誌上發表文章，這文章被他欣賞，因而邀請來的，前任秘書主任現任總務長黃仲圖先生，原來與孟真先生並無一面之緣，孟真先生被發表做臺大校長時，黃先生曾函孟真先生，述說他對於整理臺大的意見，這意見被孟真先生所賞識，於是經過了幾度面談之

後，黃先生就被聘為主任秘書。「用人唯才」，孟真先生真能說得到做得到。

臺大六個學院，都還在整頓時期；加上圖書館、熱帶醫學研究所、附設醫院、實驗林管理處等龐大的附設機構，經常的事務，已經繁劇不堪了。而兩年以來，意外的事故，又層出不窮。諸如房產的糾紛，匪諜案件，附設醫院各種事件。紛至沓來。尤其楊如萍的竊案，使他傷透腦筋。他平生最恨貪污，卻不料想臺大裡也有這種貪污事件之發生，他精神上已負了很大的創傷。而且，關於楊案的公文稿，很多是他親自撰擬的，文稿之長有的達萬字以上。「百憂感其心，萬事勞其形」。患血壓過高病多年的孟真先生，怎麼能受得住呢？於是，這一代宗師就為臺大而犧牲了！

當政府行將撤離大陸時，總統為臺灣打出兩張王牌，在政治和軍事上，是前臺省主席陳辭修先生；在文化教育上，是孟真先生。他們是安定臺灣維繫人心的兩大支柱。辭修先生升遷後，另一個支柱便換了吳國楨先生。他們為了國家協力合作，以最深摯的友誼互相幫忙。現在孟真先生故去了，陳辭修、吳國楨兩先生之悲慟是必然的。

五

哲人萎謝了，聽說教育部已呈請行政院轉請總統褒揚他。治喪委員會和臺灣省參議會，都在倡議為臺大建造一座能容納三千到五千個學生的禮堂，定名為孟真堂，用來紀念他。關於孟真先生遺孤的教育費，治喪會也有打算。臺大同學，也發起了建立紀念碑運動；這些都是應有的措施。此外，筆者所想到的，還有幾件事：

一、整理遺稿：這個工作，聽說中央研究院歷史語言研究所準備著作，那是最恰當不過的。除了他所撰擬的文稿之外，他平日所讀的書上，多有批語，甚多高明的見解，也似乎應該輯錄下來。

二、編印學術性的紀念論文集這似乎應由中央研究院和臺灣大學主辦，或各自分辦。但所收的論文，不應以兩機關人員的作品為限。

三、編印紀念冊：這似乎應由治喪委員會來辦，專收哀輓或悼念等一般性的文字。

四、政府應該把孟真先生平生事蹟，存備宣付史館。

「千秋萬歲名，寂寞身後事」。孟真先生是必傳之人，用不著筆者再來建議表揚他。但除此之外，還能用什麼來報答他呢？

六

因為「欲語淚先流」，所以這一篇不像樣子的短文，拖到今天才寫起。孟真先生可記的事情太多了。凡是大家所熟知的事情，本文都儘量的省略了去。寫到這裡，熱淚又奪眶而出。嗚呼！我為臺大三千學生慟，為普天下嚮慕孟真先生的學人慟，為整個的國家慟。豈僅為了個人的知遇之感而失聲慟哭哉！

三十九年十二月二十五日於臺大

（《自由中國》第四卷第一期）

回憶傅先生在臺大的往事

屈萬里

強烈民族意識與忠誠擁護政府

　　傅先生的民族意識很強，而且他擁護政府的忠誠，也是一般人所不及的。他提到羅振玉時總是說「羅振玉老賊」，加上「老賊」兩個字，這是因為他不滿羅振玉後來保溥儀搞出「滿州國」那一套事情，對於羅的學術他並不完全加以否定。他所以罵羅振玉，也許因為羅在節操上很不夠，很使他看不起，正好像他不滿意他的祖先傅以漸一樣。他就是這樣的一個人。與這有關的一件事，是在大陸剛要撤退的時候，那是民國三十七年徐州會戰正在緊急的時候，中央圖書館正在準備遷移，那時還沒有決定向臺灣搬。我當時在中央圖書館服務，管理善本書，還帶一個北城閱覽室。所謂北城閱覽室，那是漢奸陳群在抗戰期間蒐集的一批圖書。有許多佳本。陳群雖然是漢奸，在日本佔領南京之時，許多圖書館的善本書都流散出來，包油條、花生米等等，在這種情況之下，陳群在各處蒐集了很多書，在南京的，後來就集中在北城閱覽室。那時的北城閱覽室，包括善本書和普通圖書，差不多有四十萬冊。我的職務正是保管這批圖書。政府決定要搬家，我們的館長蔣復璁先生，要派我為此次搬往

107

所在地的辦事處主任。但是搬到那裡去呢？有時聽說要搬到廣州有時說要搬到廣西，又有時說要準備搬到臺灣來。這時候我就想，由於抗戰期間圖書散失情形之慘重，那是因為圖書管理員未能駐守圖書館的關係。四十萬冊圖書體積龐大，絕不可能全部搬家；我想，如果我留在南京，看守這四十萬冊圖書，以免散失，共產黨來了也不一定會殺我；即使真殺了我，似乎也值得。我猶疑不決，就跑到史語所去看傅先生。傅先生說一定要到臺灣去。我說，這一批書散失了我覺得很可惜。他說，你就是在這裡也保不住這批書！我說，到廣州去呢？他說，廣州和廣西都不行，還是到臺灣去。我說，臺灣是一個孤島，孤懸海外，共產黨若以兵力斷絕交通，圍困此島，將來發生飢餓，是很可能的。他說：「你不要管這個，我們不能做鄭成功，難道我們不能做魯王嗎？」這句話使我深受感動。後來政府決定遷臺灣，蔣館長也派我做臺灣辦事處主任，我就到臺灣來了。

「歸骨於田橫之島」成讖語

後來我聽說，在這個非常緊急的關頭，傅先生他身上經常放著安眠藥，預備隨時吞藥自殺。到了臺灣後，臺大中文系教授黃得時先生請他寫字，他就寫了「歸骨於田橫之島」七個字。這七個字現在黃先生還保存著。有一次我還建議，把這幾個字可以刻在傅先生的墓壙上，但未實現。由此可見他對民族，對政府的忠心，都不是尋常人所能企及的。

其次談到他的他用人唯才，絕不講關係。在史語所有一位同仁，我記不得是那一位了。那時史語所在四川李莊，有一個年輕人

在史語所所在的鄉村上，逛來逛去，他想見傅先生又不敢見，恰巧碰到傅先生出來，他就迎了上去，見了傅先生就自我介紹，說他是某大學的畢業生，他聽說史語所如何如何好，他想進史語所工作而沒有人介紹。傅先生找他一談，覺得這個年輕人很不錯，於是就用了他。

後來傅先生接長臺灣大學，臺大的校長室秘書主任是黃仲圖先生。黃先生原來在高雄港務局做港務局局長。他聽說傅先生發表為臺大校長之後，就寫一封信到南京給傅先生，黃先生是臺灣人，對日本人辦的臺北帝國大學（臺大的前身）的情形了解得比較深刻，於是他在信中把臺大的情形敘述一番，並提供一些意見，於是傅先生就聘他做校長室的秘書。

辭聘教授並設法安置

三十八年初他接長臺大，至三十九年十二月去世時止，在這不到兩年的時間內，臺大的教授在學年終了而不被續聘者，先後共有七十餘人，這些人的不續聘也有一番道理。他到臺大之後，特別重視基本的學科，設有「大一國文委員會」、「大一英文委員會」、「大一數學委員會」，這三門學問他都內行，開會時他都作主席。教這些基本課程的都是教授和副教授。像毛子水先生和臺靜農先生都教了好幾年的大一國文。我幸而蒙傅先生看得起，也教了好些年的大一國文。教大一英文和數學者，也都是當時的教授和副教授。不單是教大一的國、英、數，包括教高年級專門課的教授在內，都接到他的一封信，大意說：「不定在那一天，我也許跟教務長，跟你們貴

院的院長，貴系的系主任，到你的課室來旁聽，請你不要見怪。」結果他真的去旁聽，在第一年的寒假，他就「聽」掉了好幾位。大概都由於受不了他「聽」的關係。也由於他經常去聽，那一位先生的學力如何，教書的能力如何，他心裡都有一個水準。所以兩年之內，一共不續聘的教授、副教授和講師共有七十幾位。當中我記得有七位特別窮困的教師，雖然把他們辭退了，但，傅先生卻似「揮淚斬馬謖」的心情，心裡很難過；因為他們實在窮得可憐，也一時找不到事，因而就給他們想了個辦法。那時臺大的經費，是由臺灣省政府支付。陳辭修先生任省主席，雪屏先生任教育聽長。傅先生就給這七位先生想了一個編纂的名義，放在臺大圖書館，得到了辭修先生和雪屏先生的同意之後，就給了這七位一年的聘約，有的好像還有續聘的。由此可見，傅先生做事是很認真的，有時也很有人情味。

用人唯才不講關係

傅先生出長臺大後，校長室編了一個刊物叫做《臺大校刊》，到現在還有。最早編此刊的人是誰，現已記不得了，傅先生對他不滿意。後來，傅先生在新生報上看到一篇文章。非常激賞，作者是許冠三，他到處打聽此人，終於找到了。他對許說：「《臺大校刊》的編排不大理想，現在想請你來編，給你一個校長室秘書的名義，你是否願意？」許先生就一口答應了。沒想到編了一兩個月，那位許先生文章作得蠻好，可是，編校刊卻未能使傅先生滿意。傅先生就對他說，許先生，我找你來是大才小用了，現在只好請你另尋高就吧。就這樣辭掉了。

　　還有一件事，就是那時保管組的股長，在某一件事做得不大妥當，傅先生就把他辭掉了，在還沒有找到人之前，有一個人今已忘其姓名，他原來在某軍中福利社服務，可能在錢財方面不太清楚，致被開革，他聽說此處有一個機會，就寫信給傅先生，表示願意到臺大來做事。傅先生就要我寫信邀他來，先讓我和他談一談。我和他稍談一下，他說他在軍隊中服務的經過，當然不會提到他被開革的事。我那時已被調到秘書室工作，就問傅先生是否和此人見面談談。他說，好。那知兩人一談非常融洽，傅先生決定用此人。我就勸他應該再加考慮，因為這個人的根底我們並不知道，有沒有思想的問題，他在軍隊中為什麼不做了而要到我們這裡來？大概傅先生誤會了我的意思，以為我在勸他不要多引用同鄉，因為這人正好是山東人。他說，你不要管這件事情，我從來沒地域觀念，他是山東同鄉也好，非山東同鄉也好，我覺得這人可用就用。我說，假使這個人有別的問題呢？他說，我隨時可以開革他，就是總統給我介紹的人，如果有問題，我照樣也可以隨時把他開除。於是就就用了此人。可是，不到兩個星期，就有人寫信來檢舉，說他在軍隊中不法的情事。傅先生派人調查屬實，於是又把這人給開革了。由這些事情看來，傅先生用人唯才，他絕不講人情和地域的關係。

　　以上這些事情是我親眼所見，以前在紀念傅先生的文章中也許沒有提到，所以特地提出來請各位指教。

憶傅斯年先生

金耀

一代學人傅斯年先生，在不聲不響中，離開這紛亂的世界，安靜地返回天國。他拋棄了主持的臺大事業，使許多受難的青年，失去了導師，他帶走了許多崇高的理想，使全中國人，乃至全世界人士，失去了指南針。這固然是中國的不幸也是全世界的不幸！

傅先生的學識見地與盛名，在記者的腦海，老早就有一個極深刻的印象。在臺灣一年多，多次與傅先生接觸，更了解他的為人、做事、和求學的真誠態度。他最專心，考古時專心考古，寫文章時專心寫文章，辦學校時就專心辦學敗。

每次和傅先生談話，就等於在學校聽課，他總是那麼慈和、誠懇，以諄諄教誨的態度，指導我們新聞從業員，研究現實內千千萬萬的社會問題、教育問題、國際問題。

很多人都把傅先生，看作崇尚自由主義的學者，可是，每次他都加以否認，傅先生認為自由主義不是甚麼主義，根本也不成其為主義，這名詞是別人給他冠上的，他不能接受。

每次跑到傅先生家裡，老是看到他孜孜不倦在寫稿、看書，不是處理學校內的事情，就是自己研究學問。傅先生所寫的文章以及答覆各方面的詢問，都是他親自動筆。每晚都熬到十二點鐘才睡。

由於傅先生好學，不管是經史子集以及西洋史哲一類的書籍，無所不讀。就是原子電子，最新科學書籍，他也讀得津津有味，他家裡擺的幾架中西書籍，全部都讀過一遍。

傅先生最愛講笑話，也最健談，無論在那一個公開場合中。只要有傅先生在，總是談笑風生。比如說，每逢你遇著他的時候，問他好不好？他總愛說：馬馬虎虎，記得有位外國同行在機場問他快樂不快樂？他說：我經常和你們新聞記者在一塊，感到非常快樂。

傅先生不拘小節，素來不愛理頭髮。他每次在家裡和別人聊天時，總說他不配住臺大校長的宿舍，要不是傅太太為他料理，一屋子就會全盤糟，在斗室之中，從來不準備香煙，招待來訪的客人，假如不是傅太太幫忙，幾乎連清茶都沒有。可是，和傅先生聊過天的人，每次總有不忍離去之感。

傅先生主長臺大後，就勵精圖治，決心把臺大辦成一個夠理想的大學。諸如聘請名教授，增加學校圖書設備，都曾花費過一番很大的心血。每次和他談話，他總愛問辦臺大的成績如何？外界的批評怎樣？當然，由於種種條件的限制，臺大雖不如想像中的完備，但比以往的情形就進步了許多。傅先生為了臺大醫院，不知道遭受到多少人的責難，可是，他忍耐得住，總希望有一天，使臺大醫院，在他的手裡，樹立一個規模。

他教育青年，以長者的地位來教育青年，可是，他卻懂得青年人的心理，知道如何循循善誘，發揮青年人的長處，減除青年人的短處。他反對一般有錢人教育子女的方式，姑息青年終究不是辦法。記得傅先生說過：我的男孩子（傅仁軌）在美國讀書，完全憑他的能力，我並沒有給他很多錢，他的學業成績優越，哈佛（好像是哈佛）大學就給他獎學金。他常說：西洋有識之士，教育他的子

弟，總是少給錢，假如花費過多，星期天補做家庭苦工來彌補。只有這樣，才可以教育青年成人。

傅先生愛和一班人談天，尤其愛和我們新聞從業員談天。他的博學，真非一般人所能比擬，即使在微病中，也願意為新聞記者解答難題。記得去年有一外電傳蔣延黻先生在美組黨，傅先生就在病床上，解答記者所提的問題。

最近，和傅先生談杜艾會談的問題，觸起他對全球性戰略的看法，由於他正在寫一篇有關教育的長文，預備過些日子再寫，現在，這一篇全球性戰略的文章，永遠無法看到了，這更是讀者的不幸。

傅先生在生前，認為民主國家在未來的戰爭中，終必獲得勝利，並指出臺灣的前途，是無限光明的。只有在臺的人們，像他那樣的苦幹，我們終會回到大陸去的。是的，我們終會回到大陸去。但，傅先生已經看不見大陸未來建設的美麗景色了！

傅先生常希望新聞記者不要在報紙上登載他的談話，恐怕許多教授不諒解他，許多社會人士，不了解他，說他成天在自我吹噓。其實，像傅先生這樣真知灼見的人，實在太少，而今而後，我們再也聽不見他的聲音，再也看不到他的談話了。

（三十九年十二月二十一日新生報）

值得青年們效法的傅孟真先生

李濟

　　要把所有中國過去的名人及學者排在一起，請大家選幾位最值得作現代中國青年人榜樣的模範人物，我必定投傅孟真先生一票。我的理由如下：

　　他是一位最明白現代中國人在現代世界所處的地位的人。一個中國人，尤其是年輕的中國人，要在這世界過日子，應該曉得他的環境，也應該曉得他自己的應付能力；自己有什麼？必須向別人學習什麼？若專靠自己的「本能」，不識不知地活下去，一定有活不了的時候。現在是什麼環境？我們中國人的應付能力何如？自從他學成歸國以來，他時時刻刻在想，並尋求一個答案。自然問這些問題的不止他一個人，解決這些問題的方法，也不限於一種。但是，他所選擇的入手辦法，就我個人看來，是最合理的，他在中央研究院，創辦歷史語言研究所的中心目的，固然是由求純知識的觀點出發，但是潛在他的下意識內，所以幫助他推動這一學府事業的真正的力量，還是一個「愛」字。因為他愛中國的文化，他就先從研究中國的歷史開始；他想徹底地明瞭中國文化的本體，原來的長處及短處。他所提倡新文化，正是要扶植舊文化裡好的，燦爛的及有益全體人類的一面。但是，中國固有文化的長處在哪裡？短處在哪裡？卻不是單憑幾個主觀所能斷定的。這一類的判斷，若要作的準

115

確可靠，必須建築在真正的知識上。他所以以畢生的精力用功史學，並提倡語言學，考古學，民族學，都是要找這一類的知識。

並世的朋友，與他具同一理解，有同一見解的當然不止他一個人；但在別人僅能托於空言的，他卻能實際地把這一理想發揮出來，這固然有若干偶然的成分在內，最大的原因還是因為他具有超人的組織能力，及對於現代學術的深切瞭解，他最知道，現在的學術，尤其是科學的工作，如現代的戰爭一樣，是集團的，不是個人的。在他領導下的一切工作，都是選拔人才，及組織入手。無論是辦研究所或大學，他總是像一個設計的總建築師經營一個偉大的建築一樣，有一套完整的藍圖，並且與他的工程師充分地合作：按部就班，一段一段地，完成他的計劃。因難總是有的，並且常常地遭遇很大的困難，但他總有法子渡過去。他真是克難英雄中的第一把手。

他的確為中國的現代學術奠定了一個新的基礎。這是一件非常的勞績。他所以能完成這一使命，據我看來，不但是因為他具有過人的辦事能力，基本的原因，還是因為他具有下列的幾種品德。

一、他的高度的責任心：無論什麼事，只要他答應辦，他不但要把這事辦得好，並且要把它辦得頂好。為達這一目的，他總是全力以赴。歷史語言研究所建置的初期，各大學歷史系的高材生，每年都被他羅致去了。他的「拔尖主義」（這是他鑄造的一個名詞）往往使個大學主持歷史系的先生們頭痛。但是等到他自己辦大學的時候，他又設法子把這一群人帶回去。這是矛盾吧？這並不是矛盾。假如別人都像同樣的責任心，同樣的熱誠辦各人所經營的事，天下事豈不都辦好吧！

二、極端的認真。尋求真理，固是他作學問的精神，辦事認真更是他的天性。無論是作學問，或做事，他都是絕對的不苟且，那一種整齊嚴肅的氣象，可以使懦夫們都挺身直立起來向前進。大家都知道他寫作的天才，但是在他的專門著作裡，他卻能把他的才華完全收斂起來，作純粹的考據文字。與他共事的朋友，都知道他要錢的本領很大，卻是一文也不肯浪費。至於他的私人生活的質樸，可以說完全同蔡子民先生一樣。

三、沒有偏見。他的沒有固執的偏見，可以從一件事情看出。在沒有認識丁在君先生以前，他極反對丁先生的政治立場；曾公開地說過「此人可殺」一類的話。但是等到他們兩人在北平見面以後，卻成了莫逆。這件事，胡適之先生知道最清楚。他受丁在君先生的影響，把他早年的豪邁癖氣改了不少。

孟真先生得天甚厚，也許有好些地方是一般人所趕不上的。但是他的愛國心，他的對於現代學術的見解，作學問的方法及作事作人的標準——這些都是極值得學的。並且是極需要的。對於中國前途抱悲觀的人，見了孟真先生，往往可以改變他的觀點。他手創的及畢生領導的歷史語言研究所過去的工作成績，已能使歐洲的漢學家，再也不敢低視中國學人的工作能力。十餘年前，有一個美國學者曾告訴我說：你們中國人有傅所長這種人你們的前途是無限量的！愛慕傅先生的青年們，切莫要，因為傅先生去世，使外國的觀察家換一種說法。

三十九年十二月二十五日晨

（《自由中國》第四卷第一期）

傅孟真先生軼事瑣記

屈萬里

一

　　孟真先生是經過山東官費留學生考試而留學英倫的。

　　那一次留學生考試的結果，孟真先生的成績，自然是出類拔萃。但因為他是五四運動的健將，是新潮社的主腦人物，「試官」們都不主張錄取他。理由是：「他是激烈份子，不是循規導矩的學生」。

　　那時，陳雪南（名豫）先生在教育廳做科長，卻攘臂力爭。他說：「成績這麼優越的學生，而不讓他留學，還辦什麼教育！」由於陳先生力爭的結果，孟真先生幸不至名落孫山之外。

　　第一屆的立法委員選舉，他當選為立法委員。那時他正在美國養病，一再表示不就此職，直到回國後仍然堅持著不就。當局因為他是人望所歸一定要羅致他，於是託陳雪南先生敦勸他，他才做了立法委員。

　　他那立委的名義，由於被任為臺大校長而辭掉了。陳雪南先生，卻因為患著重病而「淪陷」在南京。陳先生大約還健在吧？他聽到孟真先生的噩耗，必然是老淚橫流的。

二

　　先師李雲林（繼璋）先生——孟真先生的姑丈，是一位漢學家，在山東以淵博著名的。

　　因為治學的基本態度不同，所以李傅兩先生一見面就吵架，常常吵到面紅耳赤，聲色俱厲。

　　是民國二十一年吧？孟真先生經過濟南轉赴青島，雲林先生也因事赴青，兩位先生同坐在一個車廂裡。因為談到堯典舜典著成的時代問題，爭論又起了。由堯典舜典爭論到禹貢，又爭論到安陽發掘問題。攘臂怒目，氣壯聲宏。同車乘客的目光，都集中在他們兩人身上。幸而有劉次蕭先生排難解紛，才平息了那一場風波。

三

　　民國三十二年孟真先生在四州南溪縣的李莊時，他看到一般學生程度的低落，很感慨地對王獻唐先生說：「又得教書了，不然讀書的種子要絕了！」

四

抗戰期間，他任參政員時，屢次攻擊那時的行政院長孔祥熙。到最後不可開交時，蔣委員長乃宴孟真先生想替孔祥熙說情。

「你信任我嗎？」蔣委員長問孟真先生。

「我絕對信任。」傅先生答。

「你既然信任我，那麼，就應該信任我所任用的人。」

「委員長我是信任的。至於說因為信任你也就該信任你所任用的人，那麼，砍掉我的腦袋，我也不能這樣說！」傅先生顯得有些激動，在座的人都失了色，蔣委員長也為之動容。

不久，行政院長便換了人。

這一段事實，說明了孟真先生剛直的氣概，說明了總統能容納直諒之士。

五

「我不能看著許多有為的青年因困難窮而被摒棄於校門之外。」這是他臨終前的一句名言。同時，他也不忍看著許多有才幹的人因無要人介紹而被摒棄於機關之外。

因而，他用人完全是「唯才主義」，在歷史語言研究所，在臺大都是一樣的作風。職員的任用盡可能的經由考試。自己投效而被錄用的有，由於一篇文章被孟真先生賞識而被聘請來的也有。

今年夏天，一位投效來的某君，經過兩次談話之後，孟真先生就決定錄用他了。我勸他最好再經過詳細的考核，然後決定，因為在此非常時期，不能不審慎些。他說：「反正我們有一個月的試用期間，此君如果能幹，固無話說；如果不中用，我們自然不會正式任用他。假若他有什麼背景，假如他不是真的為臺大作事，不管他的背景如何，我隨時都可以把他免職或者法辦的。」

於是某君終於被錄用了。

（臺大學生會編印傅故校長逝世紀念專刊）

北大與臺大的兩段往事

陳雪屏

　　孟真先生是我最尊敬的一位老學長，我在民國九年考入北大，他已在前一年畢業，直到抗戰期間我們的過從才漸漸加密，我和他的關係偏向行政方面，他在學術上的貢獻極多，今天在座的先生一定會分別加以論述，我僅就行政方面舉出兩個事例，藉以顯示孟真先生多采多姿的人格。

先說勝利後北大接收

　　抗戰勝利以後我早在三十四年十月便回到北平，當時政府已任命胡先生為北大校長，在他未返國前校務由孟真先生代理，我的第一件任務是趕到北平接收北大校產，準備學校復員。我的第二件任務是在途中奉到教育部之命，辦理北平臨時大學補習班。這兩件任務又是密切相關連的。

　　北大原來僅有文、理、法三個學院。臨大補習班將十二個偽大專學校分為八個分班。第一到第三分班便是北大原有的三個學院。我接事後瞭解了全盤的情況，曾建議將第四分班農學院，第五分班工學院，第六分班醫學院在臨大補習班結束以後歸併入北大。孟真

先生在原則上表示贊同。十一月孟真先生抵平，經過他親加考查，報告了胡先生便作為定案，不久獲得中央核准。

此外，在短短半年之間，孟真先生又為北大爭取得很多的校產，如改建以後的相公府、東廠胡同黎元洪的故居，與舊國會大廈等。那時我們借住在蔣夢麟先生毛家灣的宅子裡，除去在短時間內我們分別到重慶、昆明開會外，朝夕相聚在一處，商談北大發展的計劃，他常和我說：「關於行政上的業務，我們應先替胡先生辦好，將來不勞他操心，即以校產為言，他斷不願和別人搶東西的。」

在這一個時期，孟真先生和我卻有一段爭執，特別值得一提。他十一月間來平下了飛機，第一句便問我，和偽大學中先生們有無交往。我回答有的，僅限於在一些必要的場合。他頗表不滿，又說：「『漢賊不兩立』，連握手都不應該。」我曾解釋：「這是不可能的。我一人接收十二個偽大專學校，並未停一天課，而中央又沒有送大批的教授來幫忙。」此後每談到這個問題，他總要發脾氣，他所持的原則是正確的，但我認為，同屬偽教授，大多數人由於種種原因未能離開，不得已而留下，繼續教學，僅極少數人甘心附逆，我且曾幾次勸孟真先生分辨良莠，多和前者接觸，以安定北方的教育界。

建設臺大與在省議會逝世經過

孟真先生於三十八年一月就任臺大校長，我是在同年五月來臺任臺省教育廳廳長，住處近在咫尺，時時往來。這時候他的健康情形已頗可慮，但他一方面心憂大局，同時銳志要把臺大建設成一個

夠世界水準的學府，殫精竭慮，竟無一刻的輕鬆，延至三十九年年底。不幸的事件終於發生。

三十九年十二月九日上午他和我一同參加農復會蔣夢麟先生召集的會議，商討農業教育改進問題。孟真先生曾多次發言，和平常一樣，內容深刻，言詞犀利。二十日省參議會開會，一整天都是有關教育行政的詢問，下午的會議中開始都由我答覆，最後郭參議員國基提出臺大招生放寬尺度及教育部存放臺大的器材處理問題，須由孟真先生答覆，他答覆完畢為六時十分，走下發言臺時我看到他步履不穩，上前扶持，他只說「不好……」便倒在我身上，立即昏迷，當時劉參議員傳來（是一位醫生）幫同把他扶臥在列席人員所坐的一排椅子上，我的公事包便做為枕頭。從此他再未清醒，各種救急的治療都無效果，延至當晚十一時二十分逝世。

這不幸的事件發生在議場，因為當時有一些不確實的傳聞，流傳至今，我也趁此機會作一澄清。第一、孟真先生為什麼要列席省參議會？臺大是國立大學，校長似無需到省級民意機關備詢。表面上的理由是因中央的預算尚未確立，臺大的經費暫在省庫開支之故。其實我們在事前曾有計議，關於臺大的經費問題盡可能由教育廳長或由臺大總務長代為說明。但孟真先生尊重民主體制。特別在光復初期，省參議會只是臨時組織，他更願多和這些新出茅廬的民意代表接近。第二、孟真先生是否確為郭大砲濫施轟擊所氣死、郭參議員平日在議壇上對行政方面詢問，往往盛氣凌人，不留情面，故有大砲之稱。而他卻非常敬佩孟真先生，視為前輩。當日所詢問的兩點本來很容易說明，五分鐘便足以了事。孟真先生費了三十分鐘，主要在以教育家的態度，婉為解釋大學的入學考試必須保持公平，杜絕情面，因而不便輕易降低標準，意欲使地方民意代表

能透澈明瞭此點,故不惜費辭。無論問者、答者雙方詞意中均未攙雜火藥氣味。第二天一部分臺大學生包圍省參議會要對郭國基有所行動?我曾趕到現場,和黃朝琴議長將當時實際情況說明,學生才散去。

我和孟真先生在行政上接觸的機會頗多,以上所提及的兩件事例,一則表明他的民族意識與愛國情操特別強烈,貫串於整個的人格,二則他擁護民主憲政的熱忱竟致損及健康而毫不顧惜。

傅斯年先生二三事

《中央日報》

　　昨天治喪委員會開完後，傅先生的三十年以上的老友羅家倫、毛子水、董作賓三位先生，追懷往事，感慨極多。下面是他們在臺大會議室裡追憶傅先生生前事蹟時的談話片斷。

　　傅先生出身山東聊城世家，世代書香；三百年間，傅氏一族執魯西文壇牛耳。從他祖父起，家道開始中落；不過，他的祖父、父親，仍然以文聞名齊魯。

　　民國二年，傅先生與毛先生一同進入北京大學預科。毛先生說：傅先生當時受同鄉前輩侯雪舫先生的影響很大，侯是前清進士，當時在北平任國會議員。據羅先生說：傅先生很敬畏侯先生，因為侯先生對後輩管教很嚴，愛護也深。

　　羅先生說：傅先生的特點是能夠「先聲奪人」，他一進預科以後，馬上就作了件令人佩服的事──當時預科的老同學們堅持預科畢業免試升入本科，傅先生和毛先生等卻堅持必須經過考試，他們說：「只要功課好，不怕人家考。」

　　實際上，傅先生的功課真不馬虎，從與他結交了三十七年的毛先生的記憶裡，傅先生就不曾考過第二名；二名以下，更是不在話下。

「天下奇才」四字，是毛先生對傅先生蓋棺後所下評語。他感慨地說：「他眼界高，人聰明，一樣地看書，他可以理會到書外之意，我們卻連書內之意也不能全懂。」

董先生完全同意毛先生的見解，他說：我們老朋友間，每一個人都會感覺到有不如傅先生處。

北大求學期間，傅先生佼佼不群，潛心攻讀，當時，他與同學間的關係，毛先生說，只能以「各看各書」來形容。

預科三年畢業後，傅先生升入本科中國文學系，不過，他念中文系與別人念法不同，他雖然對國學造詣至深，可是他卻不局限於國學一隅，物理、化學、數學、哲學他也都有著深厚的興趣。

《新潮》月刊是新青年以後鼓吹新文學運動的刊物，內容包括談論思想、文學和社會制度的作品。這個刊物是傅先生和羅先生兩人課外心血的結晶。羅先生說：辦這個刊物，當時行銷非常廣，第一期銷了一萬三千份，以後總在一萬五千以上。

在大學裡，傅先生是反對洪憲帝制的大將。毛先生說：「傅先生當初反對袁世凱的激烈，與他今天的反對共產黨的情形完全一樣。」

即使是博學的羅先生，對於傅先生治學的廣博也不禁嘆服。羅先生追述當年和傅先生共同遊學英、德的往事。他說：「當時，傅先生一面跟 Planck 攻實驗心理學，一面跟愛因斯坦學相對論，後來又跟 Sperman 攻量子論。此外，歷史學、人類學、考古學、哲學他都有過特殊造詣。」

民國十二、三年間，在柏林的中國學生表現了一種非常怪特的治學風氣，每一個人差不多都兼攻了好幾門學問。據羅先生說：毛

先生是專攻數學的,可是他在國學上的造詣更深;俞大維先生也無所不學,從哲學、音樂、法律到數理,都有精深研究。但最為廣博的,還要推傅先生。

傅先生和俞大維先生的同學友誼,導致了他日後和俞大綵女士的婚姻。據羅先生說:傅先生和俞女士間的結合,是大維先生介紹的;最初的認識地點是北平。

俞大綵女士行八,老朋友們都叫她八妹。她是滬江大學的高材生,和傅先生的美滿婚姻,是老朋友們極端欽羨的。

毛先生說:傅先生一生治學和修養的目標是養成孟子所稱的「浩然之氣」;這一點,朋友們都認為他已做到了。羅先生準備替本報所寫紀念傅先生的文章題目也已經決定是「元氣淋漓的傅孟真」。

談起傅先生的個性,毛先生不禁為傅先生叫屈,他說:一般人都以為傅先生個性強,其實他是外嚴內柔,心地非常慈祥,譬如說:傅先生一貫反對共產主義,可是他卻一再地告訴我,要設法使貧富均等。

老朋友中,一向和傅先生吵架抬槓的當數羅、毛兩先生,羅先生說:「我們見面就吵,常常一吵就三天見面不打招呼。」毛先生對羅先生說:「你只三天,我和他經常吵得三個月不講一句話。」不過,吵是吵,朋友還是朋友,過些時,大家又和好如初了。

傅先生當參政員時曾經去過當時赤都延安考察,回來以後,他告訴毛先生說:他對共產黨徹底失望。當時,傅先生說:「毛澤東僅僅是個爭權奪利、假仁假義的宋江之徒,絕不配談社會改革。」

傅先生平生最看不起黃炎培之流,有一次,他面斥黃逆說:「你們這般人,伺人顏色,希望得保首領以歿。」

　　羅家倫先生說：傅斯年先生唯一公子所以命名「仁軌」，是為了懷念第一個殲滅日本軍隊的唐代大將劉仁軌。羅先生追述十六年前在京時，由於日人侵凌，一般人非常憤慨，當時，傅太太快要臨盆，傅先生告訴他說：「假如我生個男孩，我一定給他命名仁軌」，後來，果然生了個男孩子。羅先生昨天說：「從這個例子我們可以知道傅先生的愛國情緒和民族意識是如何的強烈。」

　　前天，當毛先生聽到老友突患腦溢血時，他還很樂觀，因為，據他所知，傅先生血壓高是遺傳的，當年傅老太太血壓經常在二百以上，可是，她老人家仍然活到七十多歲才逝去。想不到，傅先生卻突然撒手而逝了。

　　二十六日是北大老同學段錫朋先生三週年忌辰，老朋友們原來推定傅先生和羅先生各寫紀念文字一篇。十九日，羅先生還在催傅先生趕快執筆，誰知第二天傅先生便與世長辭。羅先生說：現在兩篇我都得要寫了。

　　北大時代，傅先生往在西街宿舍，同房的一共有狄君武、顧頡剛，和天台山華頂寺的方丈。昨天，狄君武先生追憶這段事情時，感到異常悲切。

　　　　　　　　　　　（三十九年十二月二十二日《中央日報》）

傅校長的民主

東木

「我開了二十多年車子，從來沒有遇到過這樣的好東家……。」

在極樂殯儀館的停車場上，傅斯年先生的那位司機，提到了剛去世的東家，兩行熱淚不由自主地滾了出來。

四十三歲的楊國成，是本省臺北縣，二十餘年司機生涯，紫醬色的臉上早佈滿了辛苦的紋路。最近兩天三十多小時沒有休息，兩眼圈陷了下去。據常跟他在一道的幾位私家司機說：自從傅先生二十日晚在省參議會會場裡暈倒以後，楊國成底淚水常在眼眶轉，只要有人一提到老東家，便會奪眶而出。

「日治時代我在基隆港開車，光復後一直在大學裡當司機，從來就沒有遇到這樣的好東家。……」他說來說去，就是這麼一句話。坐在那輛土黃色「一五──○○二二」的舊道奇轎車裡面，一手扶著駕駛盤，他回過頭去看了，以後永遠不會看到咬著烟斗，左手拉著吊帶的老校長了。靈堂裡奏著徐緩而沉重的喪樂，楊國成獨自在車裡心酸，兩年的主從關係，使他們發生了如此深厚的感情，這是什麼原因呢？

老楊雖沒有高深的學問，但他深深知道，傅先生的偉大不僅是一位知名的學者，並且他底思想也早融合在他底日常生活裡，「民主、自由」是他一貫的理想，多少年來謹守不渝的；他

在講臺上，文字裡講民主、自由，在一切細微末節的行動裡，也都遵循著民主、自由的範疇，他便是這樣一個忠於自己主張的偉大人物。

「初次見到傅先生，他跟許多體面人物爭論得非常厲害，我想他的脾氣一定很難對付的，過了一些時，我知道我的猜想是完全錯誤了。」

傅先生跟人爭論的時候，確實是令人望而生畏的，但那全部「對事」，決非「對人」，是非黑白，一定要辯個明白。從不為意氣而和人作無謂之爭的。在學校裡，是一位慈祥的師長，在家庭裡是一位和善的主人，對下屬，更充份發揮了民主自由的作風。他絕對尊重別人的意志和人格，不論對司機，對管家婦，對應門的小孩，傅先生都把他們當作一個平等的人類，是生活裡的朋友。楊司機因為這樣，寧願跟著老校長當一輩子司機，而從沒有想過「跳槽」去改善他的艱苦生活。老楊和一妻五子，住在廈門街口，和校長公館距離一百多公尺，每當校長出門，他都是含著根烟斗自己踱過來，走到老楊家裡拍拍他肩膀，「跟我出去一趟，老楊！」

老楊是個象棋迷，沒事便和附近的鄰居走兩盤棋，遇到沒有要緊的事，老校長也會坐在矮桌子旁邊，觀戰一番，眼睛迷迷地在厚玻璃眼鏡後面看終局和老楊一道走；必要的時候，一到就要走，他必然非常禮貌地向另一位沉浮在「車馬砲」裡的棋迷朋友打個招呼，「對不起，打斷你們的雅興了。」

老校長在晚間空閒的時候，也常常過來找老楊下兩盤，開汽車的時候，老楊是司機；下了汽車，老楊便是校長的棋友，經常是楊國成棋高一著，他下得頗有工夫。

請傅先生吃過飯的熟朋友也許聽遍這樣的話：

「你請我吃飯可得把我司機一道請啊……。」

「你請我吃飯不請我的司機可不行啊……。」

　　詼諧雖然是他的天性，但這些話可不是開玩笑的；就因為他尊重每一個「人」，並無高下之分，東家在屋子裡吃熱呼呼的飯，而讓司機在冷風裡熬肚皮，他不幹。星期日，學校放假，傅先生也放楊國成的假，讓他在家裡休息。

　　講到這裡，老楊底眼圈又紅了，聲音也改變了，他的國語程度本來頗有可觀，這時已漸漸不敷應用了，簡直有些「詞不達意」的意味，因為純摯的感情是無法用字句表達出來的，記者不得不和他改換了話題。

　　傅先生家裡還有一位管家婦，──其實也只有這一位女傭──叫龍嫂，四川人，是抗戰時期便到他家來的，今年已五十多歲了，遠離了家鄉和三個兒子，同傅太太來到臺灣。主僕之間，也是和平等的朋友一般，在瞻仰傅先生遺容和送殯到火葬場的途可以看到一位穿布衣服，線繩衣的老太太，拿一塊白布掩面痛哭的，就是她。此外，傅先生家還有個司閽童子徐商祥，新竹人。白天在門口一間房裡看門、讀書，晚上，背著書包到一所夜學校去讀書。傅先生有時親自指導他，還常予親切的鼓動。傅先生逝世後，他在家看門，一個人也不知淌了多少眼淚，只是沒有人看到罷了。

　　老楊說起傅先生的健康，在去世前幾天絲毫沒有發現什麼異樣，二十日上午還到農復會去開會，精神蠻好。想不到晚上就突然變化了。他的血壓高，自己一向知道，但是很久沒有檢查過。他怕檢查，因為檢查下來的結果，便需要休息，而傅先生是不肯休息的，這時代環境也不容許他休息！

　　如今，可敬的傅先生是休息了，那僅是形體上休息而已。他那忠於理想，酷愛民主自由，向人間撒旦挑戰的戰鬥精神與風範，將永遠長存在每個知道他的人底心裡！

　　　　　　　　　　（三十九年十二月二十三日《新生報》）

傅孟真先生

陶希聖

民國三十二年，孟真先生從嘉定來到重慶，他對我說血壓高之苦。當時我是苦於神經衰弱，努力講求修養，我說道：「孟真兄！你的思想和文字，好像機關槍一樣的千百條火線齊發，是要增加血壓高和神經衰弱的。」本月十四日的晚上，我到傅公館和孟真夫婦閒話，他告訴我：為了貼補家用，他替一家報紙寫了兩萬字一篇的稿子。我想起了七年前的話，孟真的思想和文字還是那樣，機關槍似的千百條火線齊發。我卻沒有料到不過五天，他就因血壓高而突然謝世！

五四運動發生時，我是北京大學法律系一年級學生。那時一般同學都震於傅斯年之名；我自恨沒有認識他的機緣。一直到了民國十四年，我在上海商務印書館當編輯；陰曆除夕，李伯嘉學兄邀我到他家去和孟真作除夕之談。那時孟真剛從歐洲回國，路過上海，到廣州去。他詞鋒泉湧，使聽者如入寶山，有來不及接受之感。是我們初次的會見。

民國二十年，孟真在北平，擔任中央研究院歷史語言研究所所長，同時主持北京大學史學系；我到北京大學教書。九一八事件發生，北平圖書館開了一個會，孟真和我都在坐。他慷慨陳詞，提出一個問題：「書生何以報國？」大家討論的結果之一，是編一部中

國通史；此後北大史學系即以這一事業引為己任。「書生何以報國」這一句話始終留在同人的心裡，激勵著大家來工作。

在日本浪人策動冀察自治的時期，孟真首先反抗，北大同人群起響應。事情是這樣的：

孟真在蕭振瀛的招待會上，悲憤的壯烈的反對華北特殊化。這一號召，震動了北平的教育界，發起了一二九的示威運動。北京大學同人在激昂慷慨的氣氛中，開了大會，共同宣誓不南遷，不屈服；只要在北平一天，仍然作二十年的打算，堅持到最後一分鐘。我們從這一個時期起，就成了真摯的朋友。我很光榮，能夠和這一位叱咤風雲的書生在一起。北京大學從反對冀察自治到與二十九年合作抗日，這一努力我們都是在一起的。

抗戰時期，孟真每次到重慶，總要到美專校街來看陳布雷先生，我也總要去聚興村去看他。抗戰結束，他從南京到美國去治病。病癒回南京，不久就遭遇變亂，堅決的遷移中央研究院歷史語言研究所到臺灣。

在徐蚌戰事失利之後，我到雞鳴寺去看孟真；歷史語言研究所的圖書都在裝箱，他的辦公房內也是箱篋縱橫。他告訴我說：「現在沒有話說，準備一死。」他隨手的小篋裡面藏著大量的安眠藥片。

記得是十月二十四日，我從北平回京，帶了適之先生一封給孟真的信。我到雞鳴寺去交信；孟真看了信之後，談到適之先生，他說：「適之是自由主義者，我是自由社會主義者。」我瞭解孟真的思想，我同意他這句自述的話。我笑道：「可惜很少人知道為什麼社會主義和自由主義還可以結合在一起。」

去年二月，我到臺灣，到臺大去看他；他說：「總算沒有死在南京。」又說：「我不願做這個校長，但在還危難中間，我也沒法

辭。」可是在這臺灣進入安定的時期，孟真先生卻不待安眠藥而逝世了。

臺灣的安定，孟真是與有力的。今年一月，言論界認為臺灣有兩大支柱，一個是陳主席，一個是傅校長；的確，孟真先生是自由中國學術文化的安定力。這是一個事實。

古語有云：「歲寒而後知松柏之後凋」。在去年這一大變亂中孟真先生巍然屹立，堅定不移，是自由中國學術文化的後凋松。今日孟真先生去矣，他的影響，是不可磨滅的。

（三十九年十二月二十三日《中央日報》）

追記傅斯年先生

張力耕

　　由於我在報館工作的崗位是採訪文教新聞，因此自去年一月傅先生任臺大校長後我就開始認識了傅先生；但我同傅先生由職業上的接觸而相熟而成為忘年之交，是在去年七月我寫了三篇〈透視臺大附屬醫院〉，和今年夏天所寫的一篇報導臺大題名〈夠大的臺大〉文章以後（這四篇文章全是指責同臺大同臺大附屬醫院的），讀者皆認為我對臺大與臺大附屬醫院的批評太苛刻，事後我自己也深深覺得批評得太過分，可是傅校長不但不生氣，而且對我產生了特別好感，把我當做他的「小朋友」。以後，每天我去臺大採訪新聞時，不管他怎樣忙，總是把兩腿高蹺在桌上，唧起大烟斗，同我開談，常常一談就是二三小時；從做人到處事從國際大事到哈孟雷特影片的上演，他像老師教小學生一樣待我，初去我總以為被稱為大炮的傅斯年，一定是個倨傲萬分的怪人。但經過一個長時間的接觸後，我才發現到他是一個最和藹樸實而平民化的學者，他常常告訴我，他當年苦心求學的經過，他從不會向我誇耀他博學多聞，然而事實上我已發現到他知道的東西真是多得駭人；經史子集，聲光化電幾乎什麼都懂得，而且談起來都頭頭是道。他自幼苦學，但到今天依然是手不釋卷。他的福州街二十號的私邸中，會客室、書房以及走廊，到處都是書架；每一個書架內都裝滿了書籍，從線裝書到洋書

137

應有盡有。他曾向我說，我白天的時間是屬於公家的，專心處理校務，可是夜裡十點鐘後的時間就是自己讀書的時間了。不管怎樣重要的事，都一概丟開。儘管先生是名馳國際學術界的學者，但卻謙虛非常；有一次他答覆記者所詢問的一條新聞，我寫「據臺大校長傅斯年博士稱……」，可是他馬上告訴我「請你還是改成稱先生，我這個博士是外國大學贈的榮譽哲學博士，不值一道。」對他這句話，我深為感動，因為在我的新聞記者生涯中，就很少遇到有人不喜歡別人替他捧場，把官銜學位登在報上。

傅先生向我說他主持臺大的困難與改進臺大的決心。他說「儘管有人罵我反對我，我絕對不灰心，中國僅有這麼一塊乾淨土，也僅有這麼一個大學，我一定好好把他辦好。」事實也是這樣，傅氏最初接辦臺大，的確有不少困難，內在的阻撓比外來的還要多。譬如臺大附屬醫院，在光復後臺大的四位校長中，前三位校長，臺大附屬醫院方面對他們就不大重視，簡直就成了半獨立形式。可是一年以後，整個臺大上自教授學生，下至工友，當初恨傅先生、罵傅先生的人誰不對他尊敬非常。這不是他會敷衍、會混事，而是他清高的品格和負責任地苦幹的精神感動了大家。學校裡的事，不管大小，連抓一個小偷，他都要親自問個明白。人家批評他有點婆婆媽媽的好管瑣碎事，他不怕麻煩，久而久之，別人也就司空見慣了。

傅先生常說，他很少請客，但也不喜赴別人的宴。每天的時間，全部花在校務上，同他太太俞大綵女士看了一次哈孟特電影，他不惜一再向我談起，因為一天二十四小時除了他那兩短一長三個朝朝不離的大烟斗外，根本沒有娛樂的機會。雖然他做了大學校長，他的生活人人皆知是清苦非常，住宅同汽車是公家的當然不說，平日

除了薪俸之外就賴替國內外雜誌報紙寫點文章來貼補家用。前天，我到臺大去看他，他很率直的向我要稿費，因為不久前本報會刊用了傅先生所寫的一篇有關中國教育制度的專論，一百元稿費還未寄給他，因為收入不多，所以他的烟斗內裝的並不是來自外國的烟絲，而是把樂園牌香烟撕去紙留下烟絲裝到烟斗內抽。傅先生雖窮，但他只是對己刻苦，對別人卻不「猶太」。今年夏天臺大招考新生時，他因出了幾門課的考題，拿了一百八十元的出題費，他一定要我替他邀約幾位年輕的新聞界朋友到他家裡吃大餅牛肉湯，為恐怕別人說他拉攏新聞記者，好讓別人替他捧場不罵他，他特別聲明吃飯的那天不准談有關臺大的事，只是隨便談談天。記得那天去了近二十位同業，羅家倫同沈剛伯兩位先生屈作了陪客，俞夫人親自燒菜招待客人，烤鵝、燒肉、饅頭、白開水、吃過飯大家南天北地亂談一陣。那天去吃飯的人，對傅先生夫婦那種謙遜瀟灑爽直的風度莫不傾服萬分。

　　傅先生是苦學成名，所以他不僅立誓畢生致力於教育事業，同時特別主張獎勵有才智有能力的清寒學生以替國家培育人才，死的前一晚他還對陳院長談將來收復大陸時如何改革中國舊有的教育制度，昨天在省參議會他也還提到培養清貧學生的事，傅先生接辦臺大兩年，幾乎是把臺大重行改造了一次，把一個破爛不堪的學校同醫院，由整理到改革，剛剛想著手實現他生平理想的時候，不幸竟猝然去世，正如朱騮先先生所說，這是中國學術的損失，是中國青年的損失。有位同業很幽默地向我說：「傅校長死了，你少了一個罵架的對手。」天知道，我的心中是如何悲痛，因為他會答應我，如果我有一天離開報館，他願意要我做他的私人圖章管理員。

中國學術界的一位奇人，青年人的導師，雖然他年已五十有五，但實在死得太早了，像一顆彗星一樣地逝去，昨天晚上噙著兩眶熱淚我看著他離開人世，最不幸的是這成為我最後一次採訪關於他的新聞。

（三十九年十二月二十一日《中央日報》）

憶孟真

伍俶

「以直養而無害，則塞於天地之間」的傅孟真，誰料得到在兩天之中，會變做了一匣子的灰呢。孟真的死，無論識與不識，都覺得是可惜。甚至我有幾個親戚朋友，向來沒有見過他的，也下了淚。孟真為什麼感人之深，一至於此，這決不是學術問題。他高尚的人格，實在有令人景仰的地方；我同他做了三十多年的朋友，沒有看見他向人低過一次頭。在政界搞了十幾年，沒有絲毫官僚政客的氣味；在北平學術界幾十年，也沒有絲毫受風行一時的整理國故的影響，他這種「獨往」「特立」的精神。處處表現出人格的偉大。孟真是不朽的。淺識者只知道他文章的厲害，有摧枯拉朽的功能，但這不過是孟真的餘事而已。

我認識孟真，是在民國五年下半年，在北大上課的第一天，大約在一個上午，上什麼歷史，一位有長鬍子的教員來了，分到三張講義，彷彿都是四個字一句的。上課半小時，黑板上寫滿了講義校勘記，感覺到乏味，於是開始注意班上的同學；發現第二排當中一位大胖子有點特別，因為教員的眼睛，老是注意他的身上。下了課，這位胖子同一位像阿拉伯馬一樣的同學在課堂的角落談起天來了，圍起一班同學來聽，議論風生，夾雜些笑聲，我就很欣賞他的風度，到他檯子上一看，放了幾本檢論上面有了紅色的批點，卻沒

有仔細去看他。下了課，回到宿舍，才打聽到他就是山東傅斯年。有幾個老同學就說：「他是孔子以後第一人」，這是我對於孟真的第一個印像。

　　以後我就常常走近他的身邊，想同他打招呼，他總是若理不理。一天，我是忍不住了，很唐突的同他談起天來，說不到幾句，他回過頭去，背起書來了，我也只好很不高興地走開，這種不可一世的神情，有點吃不消，再加上他不大上課，所以碰頭談天的機會也很少。接著蔡先生來長校，陳仲甫、胡適之幾位先生都來了，學校起了很大的變化，同時劉先生申叔也來了，弄得我五體投地的佩服，而孟真卻同羅志希等人創辦新潮月刊，有幾個同學組織國故月刊來反對他們，其中以劉先生同黃季剛先生做臺柱，我自然跟劉先生走的，所以我的加入國故社與其說是「守故」，不如說是「依劉」。因此對於傅孟真彷彿是敵國，同時已經發覺他的學問文章，在一般教員之上，不可輕視，自己就閉門讀書，不再問外事了。國故出版之後，我在上面登了三首詩，當時苦摹杜甫，中間有「安危四海重，生死一身輕」兩句，自以為得意，後來一個朋友從孟真那裡來，他笑笑的對我說：「孟真罵起你了」，我就驚訝的問：「我並沒有同他打交道，他如何罵起我來呢？」我的朋友說：「他在你的詩上，批了『不出校門，焉知四海』八個大字」。當時我真難受，自此以後我對於律詩，發生了厭惡，這也是一個原因，於是更覺得傅孟真的見解應該接受，越發對他起了敬心。一次，在東安市場買醬麻雀，抬頭看見他，點了一個頭，他就走了，手裡拿了好幾本厚厚的外國書，也不知是什麼書，還記得當中第二本是紅色的，心裡又怪，我正在趕孟真的的文，怎的他又弄起外國的學問來了，「天之蒼蒼，其正色邪，

其遠而無所至極邪！」「瞻之在前，忽焉在後」，這是我當時對於孟真的看法。

「所謂畢業」以後，我回到本鄉，孟真出國去了，我到處打聽他在國外讀些什麼，在上海聽到他學的是數學，我心裡很安慰，只要他不同我走一條路就好了，在旁的一位同學說：「同孟真同班也好，人家問你同誰同班，回答起來便當點，同時也倒楣，不能出頭的。」我是不肯說這些洩氣的話，但是心裡有點默認。過了幾年，一個人從英國回來，我自然記掛起他。打聽打聽他的起居言動，當然最重要的還是打聽他學些什麼？這個人說：「學的物理」，我又吃了一驚，同時又想，不是越學同我越遠了麼。民國十四年的春天，我由姜伯韓先生的介紹，進了廣州大學，過了幾個月，顧孟餘先生做了中山大學委員會的副委員長，提議聘請孟真做文學院院長，當時我兼任中央政治會議秘書，本來決計從軍北伐，隨張靜江、周伯年、狄君武諸先生過大庾嶺，到前方去，轎子也僱好了，臨時因孟真要來中大，我決計留在廣州，很多朋友勸我從軍，我總覺得同孟真同事是光榮的，不肯去。以後革命軍下武漢、定南京，成了統一之局，「向之憂患人盡安樂矣」，予之久為在野之身，而窮餓以終老，並非我的人品特別高尚，實在是孟真害了我的！孟真進了中山大學的第一天，校長請客，我在作陪，他低聲問了一位熟人，默默地指著我說：「他教些什麼？」我是氣極了，他仍舊是這樣無禮，但是他海外歸來以後，一頂黑帽子，意氣之盛，猶十倍於往昔，望上去真似神仙中人，我也自慚形穢，望塵莫及了。一次我在案子上寫字，他經過我身邊，看了我一篇文章，他也莫名其妙的說我幾句好，此後十餘年，他總是到處說我是一個會寫文章的人，無論我的文章好不好，總而言之，說我好的，就是我的知己，我是感激的。而孟真

之愛才重學，一詩一文之善，且稱之不絕於口，確可以做青年的模範，是一個理想大學校長是無疑了！

而我來臺灣的動機，又是為了他。我本來決定，要是做大學教授，總要在孟真所辦的大學裡教書，孟真之死，我不獨教書毫無興趣，連對臺灣也毫無興趣了。

孟真的學問方面之廣，是具有現代文學家應有的條件，看了他的文章之奇橫犀利，覺得魯迅還不夠大方，不夠深厚，其餘作家是不必論了。孟真根底之深，天分之高，儻使專攻古文，不知道王闓運要讓步否？人家只曉得他白話文寫得好，那裡曉得他對於詩、書、禮記、史記諸書以及文選、京都、田臘等大賦，背誦如流呢！我有一個朋友說：「前有劉申叔，後有傅孟真，並世遇此等奇才，一個人想做一代文學上代表人物，確是不容易的。」我幸虧沒有這個野心，不然，一定是痛苦得很。

總之，孟真是了不起，我這幾天腦子裡沒有一分鐘不想到他。前天夜裡，夢中頓腳呼天，把我的太太驚醒了不算，連睡在我前房的新婚兒媳也驚醒了，為的是孟真。生才之難，知己之感，我的一生，可以說從二十三歲到現在，三十年中，精神上都受了孟真的威脅和安慰，昨夜作文追悼，結果只是痛哭，不能成章。今朝總算勉強地寫了一篇「縹緲附俗」的文字。

追悼孟真，同時也是我生活史中最沉痛的一頁。

師門識錄

　　孟真師之逝，今二月矣。其文章行誼。世士著記，亦綦詳矣。
槃忝居弟子之列者，垂二十三年，夫子之牆數仞，槃之闇陋，不足
以知其宮室之美，百官之富。茲焉尚論，曾無異以管窺天，以錐指
地。然而東京英偉，昔聞別傳；三輔衣冠，見存決錄，流風餘緒，
章句所陳，大義微言，往往而在，豈唯可資譚助而已。烏乎泰山其
頹，哲人其萎。言教猶新，往事如昨。感古懷賢，九原不作。後來
無述，道哉何託。

　　師主持歷史語言研究所凡二十二年，汲引才流，不遺餘力。師
雖出身北大，但於用人則兼容並包，絕不分門戶畛域，更無所謂識
與不識。順德岑仲勉丈卒業關稅學校，從公餘暇，篤志潛脩，覃精
中古史地之學，著書二百餘萬言。丈之受聘為為專任研究員也，但
憑陳垣庵叟一紙之介，初非與師有一面之緣也。

　　岑君兀敖，閉戶撰述，不與聞外事，不追逐應酬。師嘗語槃曰，
岑君一空依傍，特立獨行，以有今日之成就，豪傑士也。師之優容
學人，雅量如此。

　　師之取士，不外三途，一者，由師直接識拔；二者，專家紹介；
三者，考選。其請託紹介一途，如不以專門名家而藉重軍政權要者，
必首遭屏棄，不予審查(此一事，歷史語言所會有告白，披南京《中

央日報》），豪不假借。二十餘年來，本所之所以能一貫維持其獨立與尊嚴者，職此之由也。

國家多難，研究所展轉播越者數矣，始則由平遷滬，南京，繼則由京而長沙，而桂林，而昆明南溪。復員後，始重反南京。案本所同事凡數十，圖籍古物，箱以千計，雖崎嶇間關，艱難萬狀，而公物得以保全無恙，學術研究得以進行不輟，師之功大矣，然而師之心力，瘁於是矣。洎三十八年冬，首都告警，群情皇急，不知所以為計，一日，師召集同人會議，慘然曰。研究所生命，恐遂如此告終矣。余之精力既消亡，且宿疾未瘳，余雖欲再將研究所遷至適當地區，使國家學術中心得以維持不墜，然而余竟不克負荷此繁劇矣。今當籌商遣散，雖然如此，諸先生之工作，斯年仍願盡其最大努力，妥為紹介安置。同人此時，以學術自由之環境，既已感受威脅，於多年生命所寄託之研究所，亦不勝其依戀可惜，一時滿座情緒，至嚴肅，悲哀，有熱淚為之盈眶者。師於是不覺大感動，毅然曰，諸先生之貞志乃爾，則斯年之殘生何足惜，當力命以副諸先生之望耳。本所遷移之議，於是遂決。

研究所首先決定他徙，既則研究院各所亦有此意嚮，但或主遷桂，或主遷川，莫衷壹是。來臺之議，自孟真師發之。或言臺灣民情陌閡，二二八事件可為前鑑。師決然曰，選擇臺灣即準備蹈海，何慮之有！槃謹案師以久病血壓過高，於三十六年六月下旬，偕傅夫人及公子仁軌赴美療養，翌年秋八月返國。當返國有期而尚未成行之際，有某君者自京中貽書夫人，謂大廈將傾，傅先生欲於此時遄歸，非計之得。師省書歎曰，此君乃不知吾心。余絕不託庇異國，亦不作共黨順民。將來萬一不幸，首都為共黨所乘，余已無可奈何，則亦不辭更適他省。又不得已則退居窮鄉。

最後窮鄉亦不保，則蹈海而死已矣。由此一事言之，則師之矢志報國，視死如歸，固早既情見乎辭矣。縱使寶島非樂土，終不免於自沈，在師觀之，正所謂求仁得仁，無慚乎夙心矣。然而九州可同，澄清能俟，臺員卒亦有今日。仁者不憂，知者不惑，勇者不懼。豈不然哉！

當首都倉皇之日，同時有陳布雷、段錫朋二氏之歿，師因之精神上大受刺激，悲觀至極，頓萌自殺之念。而師卒未於此時殉國者，賴傅夫人愛護防範之力也。

中央各機構遷臺之初，經費無所著，僅賴本省銀行暫時之借墊，既則臺行窮於支應，此款亦聲明停付。研究所同人聞訊，大起恐慌，師自臺大貽槃手書，囑轉告楊梅所中同人，可安心工作，謂有如同人至於絕糧，則渠亦不食。由於師之設法，及院當局之努力負責，本所經費難關，卒安然度過。

師之為人，如天馬行空，顧瞻無匹。魄力沈雄，才氣橫溢。自謂平生所施為，雖亦未免有困難之遭遇，然而無不奏刀馬然，迎刃而解。世人或以幸運目之，而不知師之卓爾，自然殊絕等倫也。綜厥畢生，長圖大念，凡所樹立，無一非經國之大業，不朽之盛事。學問文章固不足以囿師，而師亦未皇以此自囿（有潘君者寓槃書，謂長沙章氏嘗言，傅君往在柏林治弗羅乙德心理學，一時無能出其右者，惜其回國以後，喜談政治，致荒所學云云，不知師之悲閔人群，舍己為國，其偉大處，正爾在此。章氏之見，斯為陋矣）。然即以師之所造詣論，其獨見深識，博辨弘通，固既自成一家，抗手千載。若乃無意為文，而其文也豐贍汪濊，淵雅華深，縱橫馳騁，石破天驚；時而取鎔精意，自鑄新辭，或莊或諧，亦典亦則，斯又斷推一時大筆，可謂無媿妙才矣。

　　師十餘年來許身為國，公爾忘私，從容譔述之日蓋寡，故使其遺馨剩馥之所以膏澤士林者，曾不足以概其胸中之奇於百一。而六經語孟，何嘗繁富，君子多乎哉？

　　師之所以不可及，在其有學，有識，能治劇，才力充沛而勇於負責。此數事者，人得一以為難，而師獨兼而有之；益以謀國之忠，行己之潔，剛毅為仁，自隱不息，此師所以立言立德，事功垂於天壤，而聲名遍於五洲也。

弔傅斯年先生

羅敦偉

　　學術界領導人臺大校長傅孟真先生逝世了，這當然是我國文化界、學術界一個重大的損失。教育界、文化界同仁，無論識與不識，聽到了這個噩耗當然同聲悲悼。就是國際學術界，對於這位中國文化運動的先進，如果認識的，也一定要同聲一哭。

　　孟真兄大家以為他是由五四運動出身的，所以今天一談到五四運動，一定會要聯想到孟真兄，其實與其說孟真兄是由五四運動而出名，無寧說他是五四運動的推動者；遠在五四運動以前，他即掀起了文化運動的高潮，事實上是一個五四運動的領導，是五四運動的開路人。胡適之先生寫〈五十年來之中國文學〉中間說過：「民國七年冬天，陳獨秀等又辦了一個《每週評論》，也是白話的，同時北京大學的學生傅斯年等，出了一個白話的月刊，叫做《新潮》，這時候，文學革命的運動，已經鼓動了一部分少年人的想像力。」五四運動是民國八年的事，雖然與新文學運動並不完全相同，但是事實上完全是一種思想運動，彼此的關係，牢不可分。所以孟真先生在五四運動中間是一個中堅人物，而在五四運動的發端上更是一個啟萌的前導者。所以他的一生，始終站在學術思想界的前面，是有其來歷的。這是我們今天哀思孟真兄，第一個應有的認識。

　　其次，孟真兄他在思想上是一位自由主義者。自由主義本來是有他自己的獨立自由平等的理想，所以他的行動和思想上的表現，絕對不是一般所謂「自由主義」的左右逢源，投機取巧。他始終是站在人類的真理正義一邊，而且具有革命的鬥爭性。公理正義所在，仗義直言，並且配合他的堅強的行動，犀利的言辭與明快的頭腦，絕對沒有顧忌，沒有畏懼。所以多少年來他是一位三民主義的擁護者，同時也是國民黨和國民政府的諍友。大家一定還記得，他在國民參政會那種對豪強反抗、鐵皮頭的精神，同時在臺灣的人，更看見他在臺大校長任內，除開獻身學術鞠躬盡瘁之外，如何配合反共抗俄國策。因為他和適之先生一樣，同是自由主義者，但是同是反鐵幕的人物，願意把他們全部的精力，用來反抗鐵幕，拯救人類的浩劫，為全人類爭取自由。由於他們的這個態度，我們更可以相信反共抗俄的國策，絕對不單止是由一個狹義的意見，或者狹義的國家民族觀點出發，而的的確確是一個擁護理正義的運動。為了真理，為了正義，為了全人類的自由幸福，我們一定要反共抗俄，所以自由主義者也站在我們一邊，不是偶然的，而那些逃避現實，投機取巧，左右逢源，急激搖擺，所議自由主義者，如果認識了傅先生的這一點，必然的也會內心惶愧！

　　傅先生是死了，他的精神，他的已經作成的事業，他的理想，他的堅強的行動，不僅永恒的存在，而且前途必可以獲得更大的成功，僅以共同的努力，告慰孟真兄在天之靈。

（三十九年十二月二十三日《中央日報》）

讓你做你想要做的事

李方桂

談笑風生無所不知

我實際接觸傅先生比濟之先生還要晚。傅先生是多方面的人才，他一生致力學術和辦史語所，但在政治上和做事上，都有相當的興趣，也相當的能幹。我只是在研究院裡偶爾與他有點接觸的機會。我記得第一次跟他見面是在民國十八年（一九二九），那時我剛從美國回來，是個嶄新的留學生，不過當時我已經跟趙元任先生通過信，趙先生對傅先生講，聘我到研究院裡來，所以我就寫了一封信給趙元任先生生，說大約什麼時候可以到上海。到了上海還未上岸，中央研究院的蔡孑民院長就派一個人到輪船上來接我，說已為我訂了滄州飯店的房間，傅先生也住在那兒。於是我就在該飯店頭一次和傅先生見面。凡是熟人都知道，傅先生通常談笑風生，非常健談，他這個人大概什麼都知道，談起中國的音韻學，什麼高本漢的音韻學、劉半農的語音學，滔滔不絕，頭頭是道。那時我是初出茅蘆，初生之犢，就跟他聊了半天。末了，他問我學過什麼中國音韻學？我說我對中國的音韻學什麼都不知道。我只是調查過四、五種美國紅人的語言。他說，希望我從這一方面的經驗，也許可以

做一些調查語言的工作。我隨即返北平見到趙先生，並應研究院之聘。但是美國方面給我一筆錢，要我在中國調查中國的語言。我雖然名義上是中央研究院的人，卻是拿美國方面的錢，不知誰給我取個名字，說我帶了嫁粧到研究院來。那時差不多有一年的光景，我並不在史語所裡工作，我在中國南部各處跑，足跡遍廣東、廣西和海南島。

堅持原則並善於識人用人

我對傅先生的印象，只從我跟他短暫的接觸而來的，我覺得傅先生第一、是他對學術有正確的看法，而且能堅守原則，信其所信。第二、是他能夠認識人，懂得利用人才，像他所請的濟之先生、寅恪先生和元任先生，都是在當時絕頂最好的人才，有這些絕頂的人才來給他做事情。而這些人他都可以請得到，這實在是一件了不得的事。在當時研究中國的歷史、考古和語言的人非常多，多得不得了，許多都是很出名的人，這些他都不要，他要一些合乎他看法有潛力的人。我想他同時熱心請人，而且能夠勸動人，這實在是一種了不起的才幹。正如陳雪屏先生剛才所說的，他常堅守他的原則做事。他辦史語所也有一個原則，即凡是在史語所工作的人都不准在外面兼課。但是陳寅恪先生和趙元任先生一定要在清華兼課。他不得已，為了請到這兩位傑出的人才，只好退讓一步。說，好！只有你們兩位可以在外兼課，別人都不許！為了顧及某些特殊人才的特殊情況，他也只好不堅持他的原則了。

　　我在史語所的研究工作，實際上跟他接觸得很少，多半是跟趙先生。但是我想做什麼事情，傅先生從來不曾回拒過，只要我想做些什麼研究，他無不贊成，這也是一件很難得的事情。往往辦事的人總是要你做他所想做的事。而不是做你所要做的事。從這兩件事看，一是他能認識人，二是他能讓你做你所想要做的事，這的確是一個不可多得的領導人才。

弔傅斯年先生

黃文山

傅孟真先生逝世的噩耗，由臺北飛來，留美文化界及傅先生的朋友們，我想，都是很悲痛的。

傅先生的淵博的學問，流暢的文筆，不苟的態度，偉大的魄力，在當代學術界中，能有幾人，今正當盛年，遽爾與世長辭，這不能不算中國學術界的重大損失。

傅先生是山東人，民初進北京大學預科，在本科國文系畢業後，復留學倫敦大學，專研歷史科學，歸國後，曾長國立中山大學歷史語言研究所，其後任國立中央研究院歷史研究所所長垂二十年，最近兩年復出長臺灣大學，為文化學術界樹百年之宏模，為國家民族建千載之大業，其為往聖繼絕學，為來哲開先路之精神，實在太卓越了。

憶余於民國六年初進北大，在馬神廟從胡適之先生李石曾先生等聽講，其時始識先生，先生旋主持新潮雜誌筆政，所發表文章，均能抓住時代精神，不獨對於「五四運動」發生直接影響，即於我國文化的復興運動，亦曾作劃時代的貢獻。先生早年於學無所不窺，壯歲在英且見稱於威爾斯先生。大抵先生生平造就，以在中山大學及中央研究院多年，推進新史學、古物學、人類學等新興科學，對於我過文化研究，貢獻最為瓌偉。余就學北大之

154

年,先生即已畢業,民國二十年,適之先生長北大文學院,先生
與余均曾在史學系任教,但傾談之機緣,究竟不多。抗戰時期,
先生日常在重慶《大公報》發表社論,為余所愛誦,嘗一度代表
中央研究院出席立法院報告該院計畫主張,在該院設置人類學
組,當時引起正反雙方劇烈爭辯,余是時適服務立院,起而和之,
卒獲通過。先生在會場中聲稱余在民族學之造就,時隔十餘年,
回想當時景象,儼然在目。他對於人類學、民族學、古物學的推
崇,一方表現出他的遠見,一方也可窺見他的不平凡的成就與為
中國文化界建立規模的魄力。二十年來,我國學術界能在世界學
壇上稍稍露頭角,當以古物學、人類學、民族學、歷史學的創掘,
稍稍強差人意。這種業績,自然當歸諸蔡孑民胡適之諸先生,而
先生輔翼之功與不平凡的成就,後世史家,終歸會有他們正確的
評價。

　　傅先生生平可傳的事情,當然很多。我與先生相識雖久,但見
面之機緣甚少,不能給先生的正傳,增一頁的光輝。這種工作,只
好靜候胡適之先生、陳辭修先生、羅志希先生等出而執行了。不過
我自己,感覺到以傅先生的卓著的天才,文藝的修養,只有這麼短
短的五十餘歲,便棄斯世而長逝,這實是最堪惋惜的事情。我們知
道世界上大科學家大哲學家,大藝術家如康德、哥德、囂俄、密斯
朗芝露、朗璧冷特、羅秘里斯、富林克令等空前造詣,多在六十歲
以後方始完成,而我國學人如清之顧炎武、黃梨洲、傅青主、紀曉
嵐、俞曲園、阮元等輩,亦類多上壽,故成就特深。傅先生在近代
中,竟與新會梁任公先生一樣,不永其年,使其系統的著述,不能
與德之斯賓格拉,英之端貝,美之素羅金,克魯伯等相輝映,完成
他的志願,想傅先生在死的時候,一定也有同感。

　　傅先生兩年來出長臺大，在我們國步艱危，四郊多壘的今日，對於領導青年，從事抗俄反共，曾作大雄無畏的努力。我們誦陸放翁臨終那首詩：「死去原知萬事空，但悲不見九州同，王師北定中原日，家祭無忘告乃翁」。先生死而有知，能不憮然傷感。

（舊金山《國民日報》）

哭傅斯年先生

公孫羽

中國自由民主的鬥士，學術界的泰斗，臺大校長傅斯年先生，在淒風苦雨的前天晚上溘然與世長辭了。這是中華民族無可補償的損失；中國教育學術上無可補償的損失，同時是人類自由世界無可補償的損失！我與傅先生僅有一面之識，除了鄉誼以外，並無其他的深切關係，可是我感到萬分的痛悼哀傷，為之徹夜未眠恍惚若有所失！

傅先生的學術造詣，博大精深，傅先生的一生事業，燦爛輝煌，他是國人推崇的對象，也是國際文化界的知名之士，如今遽歸道山，識與不識，無不同聲一哭！情也，理也，哭之得其宜也。然而，我之哭傅先生者不在此，而在彼，即是他那種光明磊落的人格，淡泊名利的襟懷，樸實無華的風度，不畏強權的勇氣，與其大公無私的精神！孟子嘗言理想人生典型是：「貧賤不能移，富貴貴不能淫，威武不能屈」，傅先生是當之而無愧的！

當五四運動時代，傅先生躬與其事，奔走呼號，不避艱險，為的是自由民主！此後數十年如一日，永為這個崇高的目標奮鬥！他聰明而正直，言危而行堅，別人不敢說的話他說了；別人不願聽的話他講了；是是非非，毫不假借！在抗戰時期，他曾嚴厲的批評過失職的高級官吏，既未邅顧及個人榮辱，更非沽名釣譽！另外，對

157

雅爾達密約首先闢駁抗議的也是傅先生，斥責史魔固不稱奇（其實當時懼俄者對雅爾達密約諱莫如深），牽涉到羅斯福總統則更非同小可，可是傅先生只知有是非，不知有其他，替我們中華民族揚眉吐氣！

近年以來，傅先生迭次著論駁斥中共謬說，目的仍然是為了自由民主與正義真理。否則以傅先生的學術和社會地位，出國講學可，閉戶韜晦亦可，但他不屑為此，而寧願吃苦受累為教育青年努力，為中國的自由民主繼續奮鬥，以至於中道病逝，此之謂「死重泰山」。

（三十九年十二月二十四日《公論報》）

悼傅斯年先生

張丕介

傅斯年先生於民國二十九年十二月二十日下午十一時二十分因患腦溢血突然逝世，這一不幸消息傳出後，使國內外一切知道傅先生的人莫不為之痛悼。

傅先生之名之受世人重視，始自五四運動，而傅先生之名為世人敬仰，則在於他三十多年以來始終保持五四時代的精神，他成為「中國文藝復興運動」的象徵之一。回想當日和他同時活躍的五四人物，經三十幾年的滄桑，有的早已棄世，有的墮落腐化，有的走入反科學反民主的歧途，甚至有的先做日汪偽朝的漢奸而後又做了赤色王朝的尾巴，或者有的意志消沉雖生猶死；其始終保持青年精神，為民主為科學民族自由為歷史文化而奮鬥者，傅先生實為僅存碩果之一。

民國以來，內憂外患，迭為起伏，而知識分子忠奸是非之混淆，較之政治經濟社會各方危機，尤為嚴重。哀莫大於心死，知識分子之失敗，實為中國悲劇之根因。自五四以來，卑鄙無恥之言之行，至於今日，儼然以認賊作父靠攏起義為得計，恬然人頭而畜鳴，中國知識分子幾何不盡為世人所唾棄耶？然在此逆流泛濫之下，幸有少數堅貞自愛挺身奮鬥而作中流砥柱者，中華民國之國格。中國人之人格，中國傳統文化之基本精神，賴此而不墮。

吾人悲悼傅先生之喪亡，實在不僅因他一人之逝世，而更覺其為今日中國莫大之損失！

西方之自由主義傳入我國，亦適在五四前後，自此而以自由主義相標榜者，為數漸多，傅先生亦始終以自由主義自居。然多數自由主義者三十餘年來之實際表現，每為此理想之罪人者，不知凡幾。以自由主義者之身份屈膝軍閥者有之，阿諛獨裁專制者有之，甚至賣身投靠以博異族之歡心者有之，其能自保清白，而不忮不求，不以浪漫為自由，而致於泛濫無歸者，已稱難能矣，傅先生獨能不折不撓，不畏強權，不流於浮薄，實得力於其歷史文化之研究與其對文化思想負責之精神。抗戰時期與共軍渡江時期，傅先生兩次歷盡艱苦，搬遷歷史語言研究所之文物及人員，其功不可沒，而其意義之重大，更過於文物之保存與人員之安全。蓋於此一事，即可證見自由主義之真正價值，與其精神力量之來源。

傅先生遷其歷史語言研究所於臺北，又主持國立臺灣大學，雖以種種客觀條件之限制，不能盡收各方人才，然此兩機構已為中國文化保全不少有價值之文物及作育復興之青年，同時亦因傅先生之積極努力，使一部分有成就之學者免於流亡之痛苦，而盡力於學術文化之發揚。吾人面對大陸焚書坑儒之悲劇與斬斷中國文化之暴行更不能不因傅先生之逝世，痛感傷悼！

（四十年一月五日《民主評論》）

精神不死

「壽終正寢」，本是舊社會習俗認為人生歸宿的一種福澤。惟庸庸碌碌死於牖下。與草木同朽，又有什麼意義？人生誰能不死，如能把握住自己死得有價值，就不必問其停歇最後一縷氣息的所在。祈要和傅孟真先生熟悉的人，平素為感覺他血壓高，性情急，遇事太認真，顧慮他會在臺大公事房裡發生危險。那知他的正寢，不僅不是他的私人寢室，更不是臺大的校長室，竟是在這國家患難唯一的民主堡壘臺灣省參議會的會場，真是一個奇跡，不禁叫人破涕為笑，替他高喊一聲光榮。傅先生作事，一生不肯苟且。公而無私，嫉惡如仇。祈以與社會一般圓滑敷衍作風不同，也有多人不與同情。朋友中也多敬而遠之，毀譽參半。現在蓋棺論定，敵亦為友，鮮不同聲哀悼。這不僅是傅先生的偉大，也足徵正義依然還充塞於人間。傅先生僅是一個學者，一個教育家。但他以認真刻苦，以身作則的全付精神，在僅僅不到兩年的期間，竟於平靜協和的氣氛下把一個龐大而又積習甚深的現在中國碩果僅存唯一的國立大學，業已清理得事務有了頭緒，教學有了進步，也不能不算是一個難能的奇跡。所以也就博得社會一般普遍無限的同情。可見任何事情，負責認真去做，社會是不辜負人的。傅先生的肉體雖已化滅故去，他的精神還依然存在。

（三十九年十二月二十六日《中華日報》）

悼傅校長孟真先生

錢用和

　　誰都不信傅孟真先生是死了，他那種懇摯感人的印像，很深刻的常在我腦海中湧現著。

　　記得去年十一月六日的晚上，傅校長邀請監察院教育委員會全體委員，到福州街二十號，他的公館裡吃晚飯，請楊亮公秘書長作陪。我們團團的圍坐在他的書房內談天，他笑嬉嬉的唧著烟斗，抽了幾口煙說道：「我很少請客，今天約諸位來談談臺大的教育近況，乘便吃飯，想諸位不會彈劾我吧！」說著笑了一陣，接著又說：「諸位常關心的臺大醫院，王委員冠吾知道得清楚，一年以來，我會盡過最大的努力去改進，就是院裡的同人，也相當努力去求進步，雖然還不能說是達到改進的目的，如果再待相當的時期，我想一定會改善的。」接著王委員也講了些臺大醫院過去和目前的困難情形。

　　各委員又陸續來了幾位，傅校長起立招待坐下，我們問他近來血壓怎樣？他說：「比較好些，可是仍只吃白飯、糖和水果。」我想起前月我們巡察臺大醫院護士學校時，看見傅校長到醫院來和魏院長談話，那時他正療治好膽石病出院未久，人很清瘦，現在確已好得多，但只吃這些東西，怎夠營養呢？我正想繼續問下……

　　傅校長卻提到臺大學生程度的提高問題，新生考試的出題問題，和本期錄取新生比例問題等等。侃侃而談，滔滔不絕。直到有

人來招呼，他隨即邀我們進入飯廳，分坐兩桌，我剛巧同傅校長一桌，並且坐得很近。

因為陳江山委員在教育委員會，曾提過學生留級問題，和修改學則問題，我就把這兩個問題，請教傅校長。他說：「學則是教育部在大陸就規定的，以後雖略有修改，但標準不能太降低，學生如果考不及格，只有設法補習。」我就請他把臺大學則和中學規程等，寄幾份給我們教育委員會，以便各委員研究，他答應了。

他又和各委員笑談，並勸酒。菜上二三道後，他正要換到那一桌去做主人，我因另有他約，先向他告辭，他很客氣的送我到大門。我說：「今晚沒有看到你的太太，請傅校長代為致意吧！」說完，我上車，他就轉向裡走，他的印像，到現在還湧現在我腦際。

隔了三日，我接到傅校長的信如下：

> 用和先生左右：日昨惠臨暢談，至佩至佩。
> 承示所需各件，茲檢出抄本奉上。此頌
> 議安
>
> 弟傅斯年敬啟
十二月九日

我接到他的信，就回了一封信謝他。因為去年臺大外文系有一畢業生，到現在尚未得到文憑，曾託我問傅校長，我在那天晚上，匆促的忘卻提起，所以我在寫給他的謝信中，提到此事。不久我接到他的回信如下：

> 用和先生左右：惠示敬悉。教育部多年來未發畢業文憑，北大在抗戰前二年起即未發過，臺大則光復以來，從未發過。

近與教育部接洽，臺大今年畢業，希望年底可發，去年者希望明春可發，以前逐步清理。所以十餘年來如此者，因為部中審查每一生之全部修習學分，如有一人不合部章，即全年不作結束，故十多年幾乎從未發過文憑，知念奉聞。此頌
議安

弟傅斯年敬啟
十二月十六日

　　我就把這信轉交那位外文系畢業生以作答覆；但我忽然覺得這封信不可給她拿去，我還得便中要同教育部程部長商量，可否此後不必因少數學生修習的學分問題，牽制多數學生的畢業文憑？所以我又把這信索回來，放在皮篋中，以便遇到程部長時一談。那知以上兩封信，竟成寶貴的紀念箋了！

　　傅校長於去年十二月二十日，在臺灣省參議會，患腦溢血症，不治去世。次晨《中央日報》遲未送到，我到監察院去，經過《中央日報》社，見許多人擁擠著看報，我以為昨夜大風雨停電，以致延遲報紙的出版。那知等我看到報紙時，真像晴天霹靂似的，出乎意外，見到傅校長逝世的惡耗，無論如何，我總不信他是死了！

　　二十二日晨，我和莫局長夫人，到極樂殯儀館去弔唁。我們行禮後，走到傅夫人前面，想安慰她幾句，結果恐怕引起她的悲哀，不敢提一語，只點頭示意罷了。還是在旁的陳院長夫人，站起來和我們招了一聲，我也就沉鬱的走了！

　　其實傅校長的死，不但傅夫人悲痛萬分，就是教育文化界同人，也痛失良師益友，國家更是痛失楨幹。

記得抗戰期間，於重慶我和傅校長同在參政會一個時期，雖沒有機會，多所領教；但時常聽得他的發言，暢快淋漓，發人猛省，我就佩服他有膽量有學識。想到五四運動時，那個人不知道北大有段錫朋羅家倫傅斯年呢？那時我正在女高師讀書，雖然也曾參加五四運動，擔任過北京女學界聯合會的會長，推進學生運動，但是深愧三十年來，毫無成就。

到臺灣以來，正想在這反共抗俄的基地，時常追隨領教來研究改革教育的問題。不料先生猝然長逝，先生死後，無論識與不識，同聲哀悼，各方弔唁，里巷為塞，先生之死，可謂死得其時，死得其所，死得人心，先生在九泉，當可無憾！先生對國家貢獻的偉大，先生的道德文章，先生的人格印像，永遠在人們的腦海中湧現著，千古不朽！

（《暢流》第二卷第十一期）

傅校長與臺大

杜維運

　　傅校長的逝世，自由中國的各界人士，莫不惋惜與悲悼，但是最悲痛的還是臺灣大學的全體師生。

　　臺灣大學今日的進步，是有目共覩的，然而臺灣大學所以有今日的進步，則不能不說是由於傅校長的積極整頓所致。

　　兩年以來，傅校長的全副精神，沒有一時一刻不用在臺灣大學上，臺灣大學成了傅校長的家庭，傅校長為了臺灣大學，犧牲了一切，我們親眼看到傅校長的蒼顏白髮，一天天變得蒼白了，但是傅校長卻不因此而有所鬆懈。現在臺灣大學，在傅校長的領導下已經突飛猛進了。而傅校長卻溘然長逝，身為學生的我們，該是如何的悲痛！我們現在紀念傅校長，除了以血淚哭我們的校長外，最重要的我們要將傅校長的精神，發揚光大；我們尤其要將傅校長辦理臺大的精神與作風，公諸社會各界人士。

　　先從研究學術風氣的養成說起，無論任何一個大學，要想辦得合乎理想，首先要養成研究學術的風氣，研究學術的風氣不能養成，則無論設備如何完善，教授如何高明，經費如何充足，學校是不會辦好的，臺灣大學研究學術的風氣，可以說已經養成。自朝至夕，圖書館中，都是坐滿了同學，學生們不願出風頭，不願多事，重心集中在功課上，這和大陸上各大學的情形，

是迥然不同的。但這種風氣的養成，並非偶然，這是傅校長必血的結晶。傅校長辦臺大，首先注重成績的考核，成績優良的予以獎勵，成績不好的予以懲處，平時功課加緊進行，尤其是大一的功課，更使你有應接不暇的趨勢。學期考試，非常嚴格，要想護航和抄書，是辦不到的事情，學年終了，有書券獎勵辦法，以獎勵優秀的學生，每學期都舉辦國文英文論文比賽和國語英文講演比賽，暑期有暑期徵文，學生們的精神，都會聚在功課與寫作上，不敢稍涉鬆懈，鬆懈了不但得不到獎賞，而且有退學的危險，所以大家都兢兢業業，朝夕與書本為伍，蔚成學校良好風氣。

其次說到學校環境的安定。臺大環境的安定，為所有各大學所罕見，教授們能夠安心在學校裡教書，同學們能夠安心在學校裡讀書，沒有別的顧慮，這固然是由於教授與學生的各守崗位，但是最重要的還是由於傅校長能夠解決師生的根本問題。校長對於學生的膳宿問題，都儘量設法解決，沒有地方住的同學，使他有地方住，沒有飯吃的同學，使他有飯吃。從前有獎學金，匪區救濟金，現在有工讀獎助金，臺籍清寒學生救濟金，清貧而優秀的學生，在臺大是不會被擯棄於門牆之外的。傅校長曾謂決不使成績好的學生因為沒有錢而輟學，傅校長以為不解決學生們的、生活問題而使學生們安心讀書，是不合理與不近人情的，校長為此事曾絞了不少的腦汁，嘔了不少的心血，也曾遭遇到少數人的反對，但是傅校長無論如何總是設法將同學們的生活問題解決，傅校長沒有為了個人而忘記了同學。

再說到學生素質的提高與教授陣容的堅強。臺大學生的素質，已在逐漸的提高，大多數的教授，更都是名流學者。傅校長

對於聘請教授。非常慎重，決不隨便聘請任何一位教授，對於招考新生，更為注意，絕對以人才為原則，試卷分數高，合乎錄取的標準，就可以進臺大，分數低，不合乎錄取的標準，不管他是什麼人，只有請他止步。絕對沒有情面通融的餘地，傅校長為了聘請教授與招考新生，曾得罪了不少的人，不少的人為了不得進入臺大，曾對傅校長太肆攻擊，但是傅校長卻始終沒有因為別人的攻擊而改變他的初衷，所以臺大學生的素質能夠逐漸提高，教授陣容也與日堅強，促成了學校的良好風氣，公正社會人士，是會同情傅校長的苦衷的，站在辦教育的立場，傅校長的作風，更值得感佩與效法。

最後說到經濟的公開與民主的作風。傅校長對於經濟，絕對公開，並且公開徵求全體師生檢舉貪污，貪污的人在臺大是不會存留住的。至於傅校長的民主作風，更增加了同學們對傅校長的愛戴與擁護。同學們對學校有意見，可以隨時寫信與校長，只要意見合理，校長沒有不採納的。傅校長也與同學們寫公開的信，以答覆同學們的問題。傅校長已經與學生打成了一片，你時常能看到一個白髮老人站在同學們的群中談笑，同學們不怕校長，到校長室裡去的時候，校長非常客氣，宛若變成了上賓。傅校長喜歡說笑話，同學們都願意聽校長講演，傅校長不但是臺大同學的嚴父，並且也是臺大同學的慈母。

傅校長的偉大，筆者不能道其萬一，不過淺就所知，追述一二。現在傅校長已經與世長辭了，然而傅校長的精神，卻永久存留在人間。臺大同學的心目中，將永遠有一偉大而慈愛的傅校長存在；公正的社會人士，將永遠不忘傅校長對自由中國的貢獻；傅校長在學術上教育上留下的成績，將永遠燦爛輝煌於世界，吾儕身為校長學

生的後生，惟有繼校長之後，發揚校長精神，完成校長未竟的志願，以慰我校長在天之靈！

（《臺大校刊》第一〇一期）

悼念我們的傅校長

　　二十一日早晨，傅校長孟真先生去世的噩耗已傳遍了校園，校方宣布停課一天誌哀。往日，同學們聽到放假消息，不知道多麼高興，但是今天，沒有人不感到萬分的哀痛。辦公室的大樓前聚滿了教授和學生，都想打聽一點消息。每個人都帶著憂戚的面容，沉默地站著，這種情景比痛哭還要難過，還要淒涼。

　　一般學校校長去世學生原未必過分痛心但是傅校長在我們同學的心目中已不僅是一位校長，他已經是臺大家庭中的家長。已經是同學們的親人。他平日除去辦理校務外，還兼管著同學們的生活，就像父親還兼做著母親的事情一樣。傅校長的心中，也只有我們同學，他自從來臺大以後，為了整頓臺大，把他自己的事情都擱置了，譬如他本來想寫些東西，但所有的時間都讓給了臺大，只好暫時擱置。現在我們失去了最關心，最愛護最了解我們的人，如何不感到悲痛與徬徨？

　　傅校長在學術界的成就，舉世皆知，無須再講。我不妨說說傅校長在臺大數年苦心改進的情形，那種對同學熱心的情景，使我再過數十年亦永遠不能忘。

　　校長初來臺大時，學校因接收不久，一切混亂，校舍破爛不堪，他第一步就是修理校舍，擴建教室，臺大現在已能容納三千多學生

在上課。起初，校舍裡面情形一塌糊塗，不論教室，研究室以至於洗澡間都住有學生，他覺得要想同學能安心讀書，必得要有安定的生活環境，所以下決心要修建學生宿舍。現在宿舍已全部完成，全校同學要想寄宿的大致都能寄宿了，為了這事，外面有人攻擊得很厲害。但就我們同學來講，我們深深感謝校長的措施，有了宿舍，我們生活有了規律，可以節省許多時間。理工學院的學生對於時間一分一秒都是寶貴的，如何有那麼多的時間花費在走讀上？所以這種情形非校外人能夠了解的。為了宿舍問題，校長忍受別人的攻訐，而我們同學都是受惠，更不妨說是在享福。

校長關心我們同學的生活不妨舉一個例，那便是對待我們學校患肺病的同學，在前學期學校舉行了一次全體學生愛克司光檢查，結果發現有幾十位同學都患有並不太輕的肺病，他著急非凡，馬上命令在校園內空氣好的地方讓出幾間房子，做同學的療養室，派有工友服侍，病重者准許休學，公費照發，病輕者准許退選一部學分。另外學校每月贈給每位同學奶粉兩罐、魚肝油兩瓶、菜金三十元，其他校內福利，肺病的同學皆有優先權。現在有些同學已漸漸好了，當他們聽到了校長逝世的消息，更不知如何悲痛！

臺灣籍的同學原不准領匪區救濟金，但校長為顧及其中有不少家境貧寒的，於是又設置了臺灣省籍獎學金，這筆錢都是由校方經費中節省下來的。大學校長能夠苦心孤詣的為同學這樣關心，真不多見。

校長平日最關心學生的功課，考試制度之嚴，為他校所罕見，我在讀大一的時候。考試時都要編號，尤其英文又分月考、大考、及統考。我那時真覺得他未免過於認真，心裡不免稍不高興，但是

171

等我升了二年級以後，所用的課本都是難懂的原文，我才知道他以前那種苦心的原因了，心裡說不出的慚愧與敬服。

平日校方對功課好的有種種獎勵，每年對成績優良者給獎勵，或獎狀。假使你在學校裡出了亂子，校長第一件事就叫註冊組送成績單給他，如果成績好的不妨稍加「考慮」，如果功課又是糟糕，那你準得倒霉了。

校長更注重同學的課外活動，凡是同學組織的社團對康樂有貢獻的都給予津貼，每學期都舉行運動、論交、演說比賽，每次論文比賽的卷子都要經過他親自審閱，待與教授商量過後，才作最後決定。其餘他最發生興趣的是英語演說競賽，他每次都去旁聽，這學期的英語比賽又要舉行了，誰知他竟在前一天溘然長逝！

我最敬服校長的還是他的民主作風，他自從出長臺大以來一直是拿民主的辦法來搞的（對付共產黨是例外）。平常他含著一個煙斗在學校裡跑來跑去，有次他跑到生物實驗室去，看見同學正在看草履蟲，他說：「我在倫敦的時候也看過的」。有位同學開玩笑說你吹牛，他哈哈大笑而去。有時他跑到校內合作社去買麵包吃，常常給同學敲竹槓請客。

平常他希望同學多多寫信給他，他總給予滿意答覆，我自己就曾經寫過幾封信，措詞並不太客氣，但很快就得到回信，措詞還非常客氣呢！假使同學私人經濟實在困難去找校長，他也肯幫忙的。

他最恨的事，就是貪污，假使有人報告某人貪污，他決不客氣。我們的校刊上。每期都刊載著他的巨大廣告，籲請教授、職員、工友、學生、檢舉貪污。如果傅校長出來從政，必定也是一個最賢明的好官。

　　寫傅校長的事情是，是永遠寫不完的。在聖誕的前夕，上帝竟奪去這樣一位令人敬仰，令人愛護的偉人，怎不令人同聲一哭！願校長在天之靈，安心休息，您所種下的種子，將來總會開花結果的。

　　　　　　　　（三十九年十二月二十三日《香港時報》）

憶我們的傅校長

在公的方面校長鐵面無私，使我們尊敬。在私的方面校長和藹可親，使我們愛念。

校長苦心竭力以大無畏的精神和自己的壽命換取同學們的福利。現在讓我們追憶些小事來紀念他吧！

先說每年招生：校長從不講人情、看面子，只以學生的成績為標準。為了投考的學生太多，仁慈的校長盡量把錄取的名額增加，只要夠水準即使投考的院系名額已滿也會錄取的。我就是因為這樣多開一班才得額外錄取進臺大讀書的。

臺大，成績好家境窮的學生有獎學金，沒有人會因為繳不起學費而失學，家在匪區的同學也有匪區救濟金，校長去世那一天還更為我們的公費力爭。對於本省同學校長更是愛護備至，招生考試的成績加分計算，除了獎學金之外，還替他們請了清寒學生救濟金，把力求而得增加的保送出國深造的學生名額的極大部分給了他們，這些都是為了使久處日本強盜壓迫之下的本省青年有較多深造的機會。

校長為了免學生為住的問題奔波麻煩，想盡方法修建宿舍，現在除了家離學校不遠的少數新同學外都有宿舍可住了。有一次校長去看女生宿舍，見到本省同學很少，就很關心的說：「她們住在外面都很方便喔？我也希望她們都住進宿舍來。」

　　為了鼓勵同學們學習英語及本省同學學習國語，每學期總舉行國、英語演說競賽。為了同學們讀書真有心得，為了鼓勵同學發表意見使校中一切更趨完善，設獎金求論文與建議。校長對建設臺大用心之苦及其成就是我們永不忘懷的。

　　校長夫人是我們的英文先生，教學熱心認真，常常自己用打字機打許多課外補充材料給我們，對本省同學的發音尤不惜諄諄教導，如有同學到先生家裡去求教更是歡迎。校長有時也把他的書送幾本給這些同學，幫助他們研究。

　　校長對同學們的健康更是特別關心。上學期本校全體同學去結核病防治中心檢查肺部，結果有些生肺病的同學，較重的都送醫院療養，輕的也特闢療養室供這些同學靜息，與另外的同學隔離。校刊裡也常看到校長勸同學多運動，不要把身體弄壞。最近教會送來一批奶粉也是分配給各種有病及營養不良的同學的，猶記得去年學校的同樂晚會中校長也跟我們說過，讀書的時候讀書，娛樂的時候娛樂，校長對同學的愛護可說無微不至，但是為了學生他對自己卻不能愛護了。

　　校長到校辦公很早，我到學校去的時候常常碰到校長的黃汽車已經送過校長又回去了。下午上完三堂課回家的時候校長的黃汽車還停在辦公室樓下的大門外，現在看到黃汽車我不禁向裡面看看會不會看到神態安祥，啣大煙斗的校長，精神不死，他在我們心中永生。

　　同學們如有困難往見校長，他總是盡力幫你解決，因此同學們對校長如對親人，這次去向校長告別的時候，觸景生情，女同學們都哭了，男同學個個流著心淚。

（三十九年十二月二十七日《新生報》）

傅校長沒有死

唐本祥

　　傅校長去世以來，已經十一天了；在這個夠大，夠複雜的臺大，一切仍舊照常，和傅校長在世的時候一樣，沒有受到絲毫影響，這不能不算是一個奇蹟，這並不是說我們忘記了校長的死，而是傅校長已經深深地活在我們的心上，並且已經為臺大奠定了基礎。我們踏進校門，走進圖書館，甚而至於拿起飯碗。都覺得和傅校長有著連帶性的。整齊的校園，大批的新書，和足夠吃的公費。這都不是傅校長的遺澤嗎？校長的軀體雖然已成了灰，但是，傅校長沒有死。

　　傅校長是全國第一流的學者，他那淵博的學識，清高絕俗的品格，守正不阿不畏強權的精神，將永與我們同在。

　　傅校長是自由主義者，也是反共最積極的人。早在海南失守，舟山撤退，人心惶惶的時候，傅校長可以去香港，去美國，去享受安樂；可是傅校長並沒有那樣做，因為，他早已認識清楚自己的責任，憑他堅定不拔的信念，挑起反共抗俄的擔子。

　　傅校長做事重負責任，只要時間上允許，他親自視察宿舍，計劃改良讀書環境，和出席各種會議。只要他來得及做的，他從不請人代理，自己東西奔波，終於，在省參議會上，盡了他最後的努力。

　　傅校長的作風，代表著民主和平等。一切都尊重多數的意見，一切都以著重基層為前提。講到平等，有一個故事可以說明他。常

到校長公館去的人，老是看見傅校長和他的汽車司機對坐而奕，並且神色怡然，一點沒有校長的架子。

對於同學，傅校長真是愛護備至。平常在他的公館裡，他接待同學，像接待客人一樣，在學校裡，他會在背後拍拍同學的肩膀，問一個訊，或是談幾句話。對大陸上來的無助同學，他拼命的爭取公費名額，對本省清寒的同學，他從經費裡撙節出一部分來作補助金。另外，還設立了許多工作自助的工讀生。

十一天，十一天了，我們一直紀念著傅校長，並且，我們將要永遠的紀念著他。他的言行，會傳至萬代，他的精神，要在我們心中永存。火毀滅了他的軀殼，可是毀不了他的精神，永遠，永遠底！傅校長沒有死！

（《臺大校刊》第一〇一期）

一個深刻的印象

羅聯添

　　一個月以前，一個黃昏的夜晚，校長到第七宿舍來訪問我們。這個宿舍是新蓋的，一切設備恐怕沒有盡如理想，所以這位老人家不遠數里而來。走到膳廳，他看我們碗裡簡陋的一撮菜，他就吸進一口煙，又把煙斗拿下，夾在指縫裡，輕輕地說道：「你們好苦啊。」又說：「在苦難當中，有飯吃總是好的。」這時，我們向他要求這個，要求那個……最後，他說：「你們可以把所有的意思寫信告訴我，有困難的地方，我當設法解決。他又抽起煙斗來，一邊走，一邊和我們談，我們陪他走。有個同學突然發問：「校長，我們這個宿舍很遠，跑來跑去，上課很不方便。」

　　「這就是你們日常運動的一個好機會，走路就是運動。難道你們喜歡坐而不動嗎？像我食得這樣胖老來還要患著高血壓病。」他又抽了一口煙，笑著這樣說。

　　我們走上二樓。校長憑倚著欄杆，眼鏡橫掃了一下，說：「這個宿舍風景很好，前面有山，後面有水，山上墳墓又那麼多，倒有詩意，要是我死的時候，我很歡喜葬在那裡，天天和你們見面——這要我在做校長的時候，否則，不可能。」

　　「校長，你最歡喜說笑話。」我們也笑……

這許多瑣碎的談笑，想不到今天化成了眼淚，校長愛上那無名的山，山真有幸。可是，我們則痛感不幸！

校長你真死去嗎？不，我們的心頭，就是你的墳墓。

（臺大文樂社刊）

校長活在我們的心裡

周季翔

　　平時和校長少接近，但校長的影子卻親切地印在我們心頭。
——對於我們臺大學生，「校長」這名辭不像什麼局長，×長……
以及別的校「長」那樣的帶有官味，同學們在一起談起校長，隨著
尊敬而來的就是一股親切的味道。有的說：「那天校長也來理髮室，
剛好坐在我旁邊，起先我還以為是同學……」。有的說：「今天我在
走廊上遇見校長，談了幾句話」至於我自己，既未有緣和「校長」
同時理髮，在過道上遇見他時也未上去攀談（他太忙了），但校長
可親的影子卻印在我的心頭更深更切；那只是由於一件小事。

　　半月以前吧，久雨新晴的上午，沒有課，在寢室看書，工友敲
門進來說校長到宿舍來了，要大家去談話。一時在宿舍的同學都跑
出來見校長。校長正在食堂前的走廊上，搬了一個小木凳坐著。將
黃色的西裝上衣脫掉提在手中。——他是走來的，他一邊吐氣，一
邊向我們說，他特地來看看宿舍，來看看我們，問我們有沒有什麼
問題要問他，或是有甚麼困難要他代替解決。看著他慈靄的面貌，
聽著他親切的言語，除了歡喜，我們一時都想不起話來。他繼續說，
凡是關於學校的事，有疑問或不滿意的地方，都可趁此時提出來談
談。於是有同學就說：「我們第七、八、兩宿舍離校最遠，路不好
走，一下雨便滿途爛泥」。有的說：「宿舍後面泥沼積水發臭，妨礙

180

衛生」。有的說：「我們宿舍隔運動場太遠，要鍛鍊身體沒有設備，請立刻在宿舍旁添置雙槓單槓」。有的說：「宿舍內蚊子太多了，要打 DDT、蜘蛛也太多了」。……他聽完了，分別回答說，路已在修了，裝置運動器械，他也認為必需，答應可就辦。DDT 也即可辦。關於宿舍後泥沼積水，他說若要填平，需工需費太鉅，校方沒有這筆錢，當這「克難」的時候，最好同學們自己抽暇合力來做一下。至於蜘蛛，他說：「蜘蛛倒是一種好動物，牠可以幫助你們捉蚊子。不過，你們也勤掃一下，不要讓牠佔據在房裡。」

那天他忘記帶烟斗，問同學有沒有香烟？但是同學多數都是不抽烟的，只好抱歉說：「沒有烟」。有幾個同學則說：「我們都靠了公費在維持，每月向校方領來幾十元救濟金，除了繳膳費外，只剩下十一、二元來買點郵票，買點極少數必需的東西，那還有餘錢買得起香烟啊！」他聽了，連連點頭，「很好很好，你們沒有抽烟的習慣最好。」後來還是一個工友將自備的香煙送了他兩支。

接著同學們還零碎問了一些關於學校的事。他坐在同學群中，含著烟捲，細細的聆聽著，再扼要的答覆給我們。圍著這位胖胖的人，談著談著，一陣感覺突然湧上我的心頭：「這就是當年在國民參政會上炮轟豪門的赫赫人物嗎？」「這就是人所稱道的學術界的當代巨擘嗎？」「這就是在一般人心目中那麼高的位置的人嗎？」「為甚麼會在這走廊上坐著矮凳子和我們一起晒著太陽談著家常？」──然而事實畢竟如此，這就是他啊！

後來他說要走了，要到對面第八宿舍去，同學們爭著說：「您難得走，我們去替您叫那邊的同學來。」他連忙說：「不，不，還是我自己去好。」臨走時，他還問我們：「還有別的問題嗎？……好，你們好好去看書！」

　　他走了，把我們累積著的困難的問題也帶走了！望著他慢慢地過了小橋，望著他胖胖的背影被轉角處的竹叢所遮斷，就彷彿是我們的一個親人走了。

……

竟會有這麼一天！

宿舍中的同學都聚在食堂前相對嘆息，一片哀思。

在砍竹竿的，在寫字的，在黏紙旗的那個心頭不是沉重！那個心頭不是「若失」的難過……

冷色的紙旗上寫下了一行行各人的話語：

「校長，你為誰而死！」「失掉了一個真正關心我們的保姆！」「校長，臺大需要你！我們需要你！」「我們捨不得您……校長啊！」「校長，你死了？你還是活著？」「校長，你沒有死！」「校長，你永遠活在我們心裡！」「我們的心頭，就是你的墳墓！」「生為學校，死為學校，校長啊！」「校長，我們等著您的第三封信！」「校長，回頭來瞧我們！」「校長！校長……我們都在這裡！」

一個同學拿起筆來，只寫出：「傅……校長……」，他不能再多寫下去，但是筆頭上已顫抖抖著內心的哭聲。

……

「一顆巨星隕落了！」報上如此標題說。對於我們，這標題有「似是而非」的感覺：不錯，他有天上巨星那麼亮，但卻沒有天上巨星那麼的隔我們遠，他留給我們的印象並不是一道光芒的消逝，他留給我們的，只是一個胖胖的，一個像親人一樣的背影，慢慢地走過小橋，被遮斷在竹叢的那邊。不錯，他現在沒有了。永遠不會再有了！

——從今以後，校長不會再到我們的宿舍來了！從今以後，再不會有一個唧著烟捲，坐在矮凳晒太陽，和我們作家常談的人了！從今以後……再不容易有一個這樣的校長了！

——我們都紀念他，豈僅是為了：只有他能向政府拿到大批擴充學校建設的錢？我們紀念他，更豈止是為了要沾上一個：是「大學者門徒」的「名辭」的「光」？

我們紀念他：只因他曾與我們平等生活在一起，我們紀念他：只因他是真正的在為我們，為學校，為中國教育作了實際的事；更只因大家都清楚他從沒有假借過學校地位，假借過人民意思向政治上去出臭風頭或飽私囊……

國內外人士都哀悼失了一位學術界的支柱，我們臺大學生更哀悼失了一位保姆，一個親人！他的老朋友們輓悼他，說他對新文化運動，對歷史語言研究所有過偉大的貢獻，說他曾有許多好著作，……這些事，對於我們臺大學生都知之而不詳，我們所熟悉的只是從日常生活上與他接觸的一些小片段，至於我自己，平時更少和校長接近。他的影子之所以深刻的印在我的心頭，不過是由於上述的一件小事。但由於這些平常的小事，他已經永遠活在我們下一代人的心裡。

新的雙槓已運來了，DDT 也洒過了。——這幾天同學們在一起，時刻都在談論校長。但談起「校長」，隨著尊敬而來的不僅只是一股親切的味道，個個更沉陷於哀傷的情緒中了。

（《自由青年》第八期）

憶傅校長

傅校長死了，他是死了，但是我現在一閉上眼睛，好像還能看見他坐在椅子上聊天時的樣子那麼瀟洒，那麼自在，一頭灰白的頭髮，嘴裡銜著一支煙斗，腳翹在桌上，不很靈便的身體幾乎佔滿了整張椅子。他自己說：「我坐無坐相，立無立相。」但惟其如此，才可看出他愛自由的天性。

傅校長常說：「我最愛和青年人說話。」的確，他雖然已經五十多歲了，還和青年人一樣：他有認情、有毅力、他天真、他直爽，此外，他還有著青年人所沒有的學識、見地。但是，可惜的是他沒有青年人一樣的身體，他多年以前就已患有高血壓症，這一次也就因此而去世。在他生前，傅太太一直因醫生之囑而小心地照料他，他不能多吃油，不能多吃鹽，在血壓較高時，甚至只能吃蜜糖拌飯。但是當血壓低降時，他卻喜歡去外面吃吃小館子，有個山東館子的掌櫃和我說過：「校長常來我們這兒吃鍋貼，他愛吃得很呢！」

傅校長雖然知道自己身體不好，但他把學校的事，看得比自己的身體更重。今年夏天，他曾因膽石症而住院療養，出院時，醫生曾說要休息一個星期才能照常做事，可是他在出院的當天，就扶著手杖去學校辦公了。這種不願一己。純粹為學校，為國家服務的精神，真值得我們欽佩懷念。

　　傅校長對於臺大所盡的努力，真是到了不能再大的地步。他的目標就是要把臺大造成一個像樣的大學，臺大的學生都能安心讀書，向好的路上走去；現在這目標正將逐步達到時，可惜天不假年，怎不令我們惋傷呢？他不論和教授，學生，或校外人士談話時，總要問對於臺大有何感想，當對他有所建議時，他必耐心地聽著，假如合宜的話，他必定盡力做去。每一次他看到我時，總是問我一連串的問題：功課緊不緊？先生講的好不好？這次考試成績怎樣？同學都用功嗎？圖書館擠不擠？……當他問我的時候，我有時真有點想笑，但是當我看到他那慈祥誠摯的面容，他眼中不自覺地流出愛撫的光時，我被感動了是被這真純的師生之愛感動了，他真像慈父一般地愛護我們關切我們。當他聽說同學們都比以前用功時，他不禁微笑了，笑得那末自然那是從心底發出的微笑，他為這有希望的下一代而高興。

　　他公餘無甚娛樂，惟有時下下象棋，平日飯後，則銜著煙斗看看報紙，或與家人，朋友聊天，他說話時很幽默，而且富有意義。他曾對我說：「我（校長自稱）九歲時去縣城學校讀書，那時是前清，鄉下唸的都是私塾。在學校裡讀書的多已是十來歲的學生，我年齡既小身材亦小，因為鄉下程度差，功課更是跟不上，所以同學都看我不起。但半年後我就能對功課應付裕如，同學們就對我漸漸看重了。」這種努力奮鬥的精神真是我們所應仿效的。

　　前年冬天，我們一家借住在傅校長宿舍。因為那時剛來臺灣，沒有傢具，在考試的那天晚上，傅校長總把他的書桌讓給我用，他自己卻在客廳裡看書，當我晚上唸完書從書房出來，看見那客廳裡透出的燈光，真是有說不出的感激。昨天傍晚，在淒風苦雨中，我從殯儀館回家，走過了福州街校長宿舍，房子還是那樣，

客廳裡燈也照常開著，別的都和以前一樣，可是傅校長卻永遠不會回來了。

（臺大駝鈴社刊）

憶念傅校長

李守藩

　　傅校長為我全國青年典型的導師，守藩耳聞心傾者，非一朝一日矣，曩在大陸，以業我所業，無緣一識廬山面目，每引為憾，不期來此寶島後，能在傅校長領導下，以師之，以事之，欣喜與歡慰之情緒，予在社會服務二十年來無有逾於此者。

　　本校實驗林佔全省面積約百之一，位在省之中部，守藩自三月間受傅校長命負責以來已告九越月，以守護有責，不敢遠離，詣校者僅四次，謁見傅校長亦只六次，合計親聆傅校長訓示時間，總不及三小時，為時之暫似未足發生何等情感。然事竟有出乎非一般人所能想像者，守藩於第一次拜晤之下，就深深感覺到，傅校長之可愛，而深印於腦中，其威儀之莊嚴，態度之慈祥，一舉一動，一言一笑，均懷著學者長者風度，不禁肅然起敬，遂爾由敬生愛。至其用人唯才，不疑不忌，任俠豪爽，磊落無私之作風，更使頑者廉懦者立，不敢敷衍塞責，尤使守藩留有深刻印像者：傅校長每對一事有指示時，必引古證今，諄諄誨諭，宛如父之教子，師之教弟，使人如坐春風，薰陶融會，豁然貫通，事半功倍，凡此種種，守藩實覺在社會工作二十年所遇之長官，未有開明慈愛誠直如傅校長者。

　　傅校長深明森林事業應為國家經營，為國家貧富強弱所繫，經濟安危所寄，辦理林業目的是為人民造福，非為取其有形之物，乃

在收其無影之功效必須有遠大之眼光，確立永恒性之保續大計，傅校長更洞悉實驗林過去之治理，未合科學之處尚多，光復後，復因機構迭更人事無常之故，原有經營方案與試驗事項，既未能重新研討確立，亦未能曹規賡續，對於林木無積極之保育，一任斧斤不時，且旦而伐，野火頻頻，縱墾不斷，童禿斑斑，山崩土瀉已屆相當嚴重階段，故自三十八年秋接辦後，傅校長即以及早確立具體經營大計，積極造林迅速恢復舊觀，達成示範作用為訓，其對於經營也，則以一秉大公，依照臺灣省政府原意，所有收益，悉以之為該實驗林整理復舊，充實設備，加強學術研究為誠，絕不視得實驗林，為得一巨宗財產，更不圖於實驗林刮取絲毫利潤作其他之用。為求實驗林業務推行之圓滿起見，傅校長並羅致各方專家及洽諸臺灣省政府推派代表組設審議委員會，配合我國林業政策，搜集地方輿情，秉公辦理，毫無一意孤行，標奇立異之意念，上月（十一月）二十八日舉行第一次實議委員會，傅校長於會議中，尤斤斤以取之於林用之於林，不妄費一文，不妄毀一木，童禿山地，限期復舊造林，勿施過度之伐，嚴禁盜伐濫墾，配合政府政令規章，與省內外林業機構取得密功聯繫，集思廣益，整肅步伐，多做試驗研究，樹立學術風氣，務期於最短年限內，完成示範使命等語為訓，苦口婆心，語語金玉，為本處此後治理確立鵠的，具見傅校長愛護實驗林之赤誠，與希望實驗林之深切，實驗林辦理甫年，能有如許成就者，雖為全處員工不斷努力以赴之成果，究其實傅校長之精誠感召有以致之也。

　　詎料噩耗傳來，傅校長於上月二十八日之所言，竟成為對實驗林之最後遺訓，與守藩亦即為最後之一面，時甫兼旬，言猶在耳，遽告永別，痛心何似！而使方扶扶學步之實驗林，頓失慈母

之提挈撫育，從此不能再聆，傅校長之慈訓，不能重睹傅校長之慈顏，此情此景，將何以堪，瞻仰遺容，不禁淒楚萬分。守藩不才，愧不能文，以誌哀忱，惟念傅校長靈魂永在，精神不死，此後惟有益自奮勉，遵從傅校長生前遺訓努力邁進，以報答傅校長之期望於萬一焉。

（《臺大校刊》第一〇一期）

念校長

呂瑞伯

想起來真是一場夢，校長的遺容，他的話，還很清楚地印在我們的腦裡，然而，冷酷的事實告訴我們：他——我們的校長，已經離開我們走了。

回憶，有時是一件多麼值得令人留戀而感到甜蜜的事情，然而，當我們回想到一代的偉人，生前對於三千多位學子的愛護，只有旁人沒有自己的精神，這種悲哀的回憶滋味，真是令人斷腸呢！

十二月十四號，是值得我們懷念的一天。同學們上完了四堂課，帶著疲乏而又饑餓的神情正在吃著午飯，忽然，一位同學從外面進來說：「校長來了！」，整個的屋子頓時騷動了，每張不同的臉顯得緊張了，有的把自行車放整齊，桌上零亂的書也變成有秩序了，我們依舊吃著飯，不過室內的空氣嚴肅了。

校長一間間地訪問我們這些身體不大健康的同學，不多久，我們常見到的肥胖帶著眼鏡的臉龐出現了，慈愛老人的聲音開始吐露了：「你們住的都好嗎？」他那親切而又關懷我們的面部表情，給我們帶來了不可多得的溫暖。他詢問我們的一切日常生活，話是那麼地感人又是那麼地富於幽默。同學們圍著他，興奮與感情的熱情，使他們暫時忘記了這個世界的紛擾與孤獨。

他，我們的校長，身上所穿的還是三十八年十月，新生註冊時所穿的那件已經退了色的爽絨衣服，那種樸素的服裝，簡直不會令人相信，站在你面前的就是這位名震中外的大教育家與學者，臺大的母親。時光已經過了一年多，我們生活由恐慌而進入安定，誰又會想到，替我們解決了求學的種種困難，專門提拔貧苦學生的校長，今天依舊穿著那件樸素的衣服而怡然自得呢！

他站了一會兒，自己又拿了一張椅子坐了下來，坐在我們面前的已經不是我們所敬愛的校長，而是最好的朋友了。同學們抱怨天主教配給的奶粉不易消化，容易鬧肚子與 KLIM 差的很遠，校長說，KLIM 太貴，這種配給的奶粉並不壞，只是大家沒有吃慣，他還說，中國人以前是不吃牛奶的。接著問我們的籍貫，有的同學是客家人，他就知道臺灣的客家人是分布在新竹和高雄兩個地方。還問我們本省同學與外省同學相處的感情如何，他說，臺灣的社會還有許多要改革的地方，很幽默地對本省的同學說，你們將來長大後是要起來革命的，我們都笑了，他也笑了，他笑的是那麼的天真。又問一位同學，他的話對不對，那位同學被他猛然一問，臉紅了，馬上說：校長的話是對的，可是富有民主作風的校長卻又對他說：你說老實話，我的話對不對，不要敷衍我。這種直率坦白的精神不禁令我們想起了他老人家每逢同學找他的時候必說的那三句話，什麼事？還有沒有？都是真的嗎！同學們說沒有地方洗澡，冬天洗冷水有點吃不消，校長抽了一口煙說，他本來想蓋一座公共大浴堂，後來因為經費的關係不得不作罷。他說，興建浴室是一件必要的事情，例如那些工人每天做完了工，不給他們洗一次澡是不行的。他的話使得我大受感動，我充分地認識了我們的校長他所關懷的不只是他的三千弟子，就連工友們也都受到他的恩澤？已經快一點了，

我們已經吃過了飯而我們的校長還是空著肚子，他是趁著辦公完了回家的時候順道來看我們的。他戴上了那頂呢帽向我們告別，走出了門口邁上了汽車，坐在他常坐的一角，車子開動了，他轉過頭來向我們揮手再見，我們所愛戴的校長，隱著那部一五——○○二三的轎車漸漸地離遠而不見了。

二十一號的清晨，我們正在吃早飯，房外有人在說話，一位同學聽到了「傅校長」三個字，馬上跳出去問校長怎麼了？半分鐘後他進來了，臉上是那樣的嚴肅，心境是那樣的沈痛，我們只聽到：校長，死了！

他的死，帶來了我們內心永久不能彌補的傷痕，同學們都在頓腳，嘆氣，有的人哭了，哭的是那麼的傷心。是的，沒有他，臺大不會有今天，他的死，使得三千餘位的莘莘學子失去了指路的燈塔，此後，在那狂風暴雨的海上。我們再也看不到他所賜予我們的光明！

呵！天大的缺陷可以彌補，這種痛失青年良師的苦痛叫我們如何來補償！

《臺大校刊》第一○一期）

回憶二三瑣事悼校長

校長的死有如平地的一聲響雷，震碎我們的每一顆心。

當此心頭沉重情緒繚亂的時候，不禁想起了幾件事。

傅校長是懂得青年心理的人，他體諒我們的困難，但如果同學的要求超過某限度以外，他會用方法勸導：俟我們心悅意服，記得校長來校接任不久因為時局的急轉，外籍的同學都快要斷了炊，幾位同學代表去見校長，要求接濟，校長馬上答應，以後同學嫌數目太少，強著要求增加，校長就誠懇勸我們要知道滿足，最後他說：「你們別以為我是校長……汽車是公家給的，香煙是土製……穿的又是十幾年前的舊衣。」同學看看他那破舊的西裝，都默默的退出了。

他又是最不會擺架子的人，他讓心同學的生活，更喜歡和同學接近——校長辦公室的後邊，就是福利社和食堂。他每每趁著中午下辦公的小空閒到食堂參觀同學用餐，有時在福利社買點蛋糕餅乾，我們就站成一個小圓圈緊緊的圍著他，他一面嚼著餅乾，一面說笑話，那種洒落的風度，親切的談話，給我們同學很深的印象。

校長又是最寬厚的人，在學校任是什麼人他都一視同仁，兩次校慶大會上都說起「學校的進步就是靠諸位工人朋友……」的話，

據說有一次一位同學有事去見他，到他家裡，卻見他正坐在榻榻米上意興濃濃和車夫下著象棋。

校長的音容遠去了，我們心裡自然感到不可彌補的空虛，然而追想這些瑣事，又彷彿得了安慰似的。

（臺大文藝社刊）

一語難忘

劉瑛

去年入學考試的第一天，剛考完英文，我和葉君一道到考生服務團的販賣處去買麵包，在那裡，我們第一次遇見校長，那時，他老人家正和一群十幾個男女同學在談話。

「我們之中還有未見過校長的呢！」一個同學說。

「古詩中曾有過：」校長很平和的說：「『日出而作，日入而息，鑿井而飲，耕田而食，帝力何有於我哉！』我認為辦學校也是一樣，要實事求是，莫求聞達，把整個學校納入正軌，使每一個學生都有飯吃，有書念，有屋住，至於不認識校長，那有什麼關係呢！」

校長的話使我十分感動，我至今仍念念不忘。誰知相隔才一年，他老人家竟永別我們而走了！

年輕的人總喜歡出風頭，不求實際，我也不例外，譬方說考課的時候，老是很快交卷，並不願再三修正，認為交得快就了不起，會引起同學的羨慕。誰知欲速則不達，常弄巧成拙甚至連錯抄了題目的時候也會有。

昨天傍晚，我和葉君一同到新公園散步，他突然對我說：「你今年暑假不是考過師範學院喔？聽說你只花三十分鐘還不到的功夫就考完了英文，還連帶作文？」

「唔……」

「你認為很光榮，很驕傲？」

「……」

「你做到了校長所說的『實事求是』嗎？」

「啊，沒有！」「我心裡慚愧地責問自己，低下了頭我的眼前又泛現出了一個胖胖的滿頭花白頭髮的人形，穿著稍嫌狹小的西裝，唧著煙斗，似乎在向我笑。

我抬頭望著樹影叢中透過來的燈亮，心裡一陣劇痛，眼淚便浮出了眼眶。我突然覺得，彷彿一個溫熱的太陽已沉落下去，剩下我一個人留在黃昏的寒霧中。

「給我贖罪的機會吧！」回家的路上，我在心裡反覆著這一句話。

（《臺大校刊》第一〇一期）

我認識的傅校長

我同傅校長的認識，是在三十四年。我們在重慶繼續會面幾次，都是偶然的機會，對他並沒有深切的認識。今年九月，我接受傅校長的聘，到臺大來工作。因為職務的關係，每天同他至少有一次會面，有時隨便談天，雖然僅僅四個月的共事，但我對他的印象，非常深刻而有力。

傅校長辦事認真。他辦事有一定的原則，絲毫不通融不客氣。對新生的取錄如此，處理一切問題也是如此。他認真的態度，在生前也許有人罵他不懂人情；但在死後都覺得他的難能可貴。在生前，他是毀譽參半，但在死後，他獲得一致的好評。我親眼見著批評過他的人，為他的死亡而傷心流淚。我國各事不上軌道，因為講人情不認真的人太多了！我們對這轉移風氣，辦事認真的傅校長，如何不懷念呢！傅校長勇於負責。他辦事認真，自然勇於負責。凡經過他承諾的事他馬上就辦。而且一定辦到。他從來不推卸責任；記得審核學生工讀獎助金時，有少數學生因家長收入較多沒有核准；有一學生家長詢問一同事，認為不公平，有向學校質詢的意思。我向他報告，說明我是負主持審核的責任，有人質詢，我願負責答覆。他回答說：「用不著，若有人問我，我有理由答覆。」他這種功不歸已，過不推卸的態度，使我非常感佩！

　　傅校長個性很強，但服從真理。我因職務關係，同他討論問題的時候很多。有時候我同他意見不同時，經說明理由後，他常犧牲他的意見，採納我的主張。所以我常對同事說：「傅校長是可以理由說服的。」他的態度是對事而不對人，他的個性很強，但討論問題時，他的確是服從真理的。

　　傅校長辦事認真，勇於負責，服從真理，同他共事，常感覺責任的輕鬆。他這種精神，是中國最需要的，是我們應效法的。

（《臺大校刊》第一〇一期）

紀念傅孟真先生

勞貞一

傅孟真校長逝世了，這不僅是本校的損失，也是中國文化界的損失，更是東方文化界事業前途的損失。

我們中國自從幾千年以來，始終沒有和西方接觸，也始終沒有談到自覺。在前清時代，還是零零碎碎的。到了五四的前夕，孟真先生的「新潮」，才揭發了我們文化的自覺和文化上的路標，這一個路線一直遵循到現在。

孟真先生回國以後辦理中央研究院歷史語言研究所，做的功績更多。他不僅將過去英雄式的才子崇拜一掃而空。他並且將乾嘉漢學不夠實證的地方也修訂了不少。他不僅根據金石，他還推動科學的考古學和人類學。因此他手中所創導事業的成績，無一處不是強固不拔的堅城，從此以後，我們中國的文化界更走上了平心靜氣。實事求是的途徑。我們知道中國文化是東方文化的中樞，我們更想在這方面樹立了全部東方文化事業的基礎。

孟真先生在這復興基地來主持臺灣大學，的確有他深長的意義。日本時的臺大雖然是軍事侵略的補給所，但我們對於他們認識臺灣的重要卻還相當正確。我們正希望孟真先生樹立和平文化的基礎，來訂立我們的百年大計，不料他在半途逝世了。然而他

199

創作的規模和堅強勤奮而不屈的精神，卻值得以後任何一個人追隨下去的。

（《臺大校刊》第一〇一期）

悼念傅孟真先生

　　　　　　　　　　　　　　　　　　蘇薌雨

　　傅校長這半年來在大學的行政會議席上多少次這樣說：「大學的事太麻煩了，真是要命。」誰能想到本月二十日下午出席省參議會解答臺大現況的詢問，果真要了命呢？教授們都知道他的血壓高，需要充分休息，大家都為他的健康擔心，假如二十日那天，他午前只參加教育的會議，下午不出席省參議會或者午前沒有參加教育部的會議，只有下午出席了省參議會，我想無論如何他總不至於死的。或許是命運的安排罷！整日參加會議的忙苦，使得他的命猝然斷送在病魔的手裡了。

　　傅校長為臺大死，為臺灣的大學教育死，而且死的是這樣倉卒，這如何不叫臺大的師生痛哭呢？

　　回想傅校長於去年一月二十一日蒞校視事，一週之後我首次在校長室見了他，再隔了一週他到我的研究室來看我，約我擔任特別班主任，當時我正忙於寫心理學講義，無暇兼顧其他事務辭謝了。

　　去年六月中旬，傅校長為要改進圖書館，約我出任館長，起初我是辭謝的，經過了他幾次的勸挽，深深的欽佩他重視圖書，眼光遠大，終於接受了。自受付託以來，我感到責任重大，憚心竭慮整頓圖書館，設法使其為名符其實的師生精神食糧的倉庫。如今，圖

書館增加了大量的圖書充實了設備，發展了館務，一初的一切，都是傅校長的賜予。

傅校長因為是北方人，好麵食、包子、鍋貼、餡餅之類是非常愛吃的，去年三月下旬胡適之先生蒞臺的時候，臺大的北大人在我家裡聚餐歡迎，由我的太太掌杓，吃的是北方風味。那天傅校長吃餡餅過多。躺在籐椅上面不能動，回到他的公館之後連吐帶瀉的鬧了一場。傅夫人對他的飲食雖然十分注意，他卻不斷的自己到山東小館去吃包子鍋貼之類的東西。傅校長的不能忌嘴無疑的是他難於保持健康的原因的一種，但是毀壞他健康的最主要的原因，當然是楊如萍的盜案。楊案所引起的他內心的憤懣和處理此案的辛勞，絕不是局外人所能知道的。自楊案發生以來，傅校長時常患病，這次腦溢血竟使他不起，我們說楊案奪了他的命，絕非過甚。

傅校長二年來對大學的貢獻，人人讚揚，而他的廉潔、樸實、直率、認真、嫉惡如仇的精神和鬥勁兒，尤其令人傾服。他的偉大的人格，成為全體學生的良師，同時成為教育文化界轉移臺灣社會風氣的唯一人物。如今傅校長死了，臺大喪失導師，臺灣社會喪失導師，我們何不悼念！

（《臺大校刊》第一〇一期）

輓傅孟真師

王叔岷

並世學有成者，不乏其人矣。然多趨於鬻聲釣譽。未必有骨氣也。有骨氣者，又多流於孤介冷僻，未必有魄力也。魄力、骨氣、治學，三者廉備，其唯孟真師乎！孟真師之治學，如彼其深也！沾其餘馥，亦可以名家。孟真師之骨氣，如彼其高也！仰其餘風，亦可以立志。孟真師之魄力，如彼其雄也！揮其餘墨，亦可以砭俗。世之待濟於吾師者正多，而吾師之所以濟世者未盡，惜乎竟溘然而逝矣！吾為斯文懼！吾為學術界憂！吾為吾師痛哭！或謂孟真好辯，筆舌滔滔，失之過激。當此大亂之世，是非時淆，淄澠並泛，如孟真師者，豈得已於言乎？孟子曰：「予豈好辯哉？予不得已也！」吾於孟真師亦云！孟真師一生，舍己為人，日夜不休，以自苦為極，鞠躬盡瘁，以至於死。莊子曰：「生為徭役，死為休息。」吾師今得所息矣。茲值公祭之日，謹以鮮花清酌，致敬於吾師之靈，並輓以聯曰：

> 富貴不能淫也，貧賤不能移也，威武不能屈也。
> 泰山其已頹乎！樑木其已壞乎！哲人其已萎乎！

（臺大詩歌研究所社悼刊）

哀悼孟真先生

余又蓀

在重慶時，為紀念蔡子民先生，曾請傅先生撰文。他說文章不好寫，他想寫一篇「某先生賢於孔子論」，非短期所能完成。結果他寫了一篇〈狀蔡先生人格之一面〉。一個偉大人物的本來很難以一人觀察而狀述其全貌！

如夢一般地，今日在臺灣寫文悼他本人！日來心情，如置身於與另一世界，沈痛得寫不出來，而且文章也一樣不好寫。僅敘一二零星小事，用申哀悼之忱。他日當敬撰長文，以抒個人對他的追思！

傅先生不肯輕易承認一件事，但承認了一定竭智盡忠，夙夜匪懈，不顧計其健康和生命以完成其計劃和理想。近十幾年來，除他參與政治方面的事外，其餘在學術界的事、大約我都知道。他在中央研究院如此，作北大校長如此，作臺大校長也如此。他作臺大校長，最初絕未同意。記得行政院會議提出他做校長的前一日，朱部長囑我轉告他，他立即去電話堅決謝絕。後來經多方勸駕，他答應了，在南京就為臺大而工作。不忠於一件事的人，絕不會發生反感。譬如就臺大而論，兩年來成績卓著，有目共睹，但我也聽到別人批評他只知有臺大，不免不平。這不是他的短處，正是他的好處。他有這種精神，可以把臺大辦好，作別的事也會成功。

　　傅先生是一個意志力極強而又細心的人。他有湛深的學識，崇高的理想，一件事經他考慮決定之後，為文則如機關槍似的放射，談論則如長江大河一瀉千里，作事則如衝鋒陷陣直搗黃龍而後已。他在臺灣這兩年，談不上有大的論戰；辦事雖然辛苦忙碌，未遭過失敗。但他處事是萬分細心的。他說別人說他是大砲，其實他很膽小。我認為他是細心。遇事往往想到深處，想到種種的可能性，想到他所謂膽小的地步。才氣大，氣魄大，作事勇進，而又有想到膽小地步的細心，都是於他血壓高的身體極端有害的。

　　他在臺大。主張充實設備，提高學術水準，加強一二年級教學，安定員生生活等等，都歷盡艱難而辦到了。尤其對同學之公費、獎金、教室及宿舍問題，都一一圓滿解決。他對同學是在負管、教、養、衛的責任。

　　傅先生之學問道德，非一人之觀察和短期所能以筆墨傳出。傅先生死了！大家哀悼；傅先生精神永存；大家應當虛心體認，學習，發揚光大。

（《臺大校刊》第一○一期）

我不配說傅先生多麼偉大

董同龢

在臺大諸位同學面前，我可以算是傅先生的一個老學生。不過，如有年輕的同學問我：「傅先生的偉大究竟如何？」我只能答：「我還不配說。」

傅先生手創中央研究院歷史語言研究所，奠定現代中國人文科學的基礎。我倒是在他的指導下辛勤的工作了十四年多，可是始終只能在某個牛角尖裡面鑽著。所以，我不配說他的學問多麼高深廣博。

近幾十年是中國的大動盪時代，而傅先生是前進的領導人物之一。我確是跟他比較接近的，可是在他的薰陶下，我只消極的做到了獨善其身，不落伍不為害人群的地步。那我又怎麼能說他對社會國家以至於全人類的貢獻呢？

在他生前，每見到他，或聽到他說話，我總想到所謂「巨人」，他有勝過千萬人的力量和超越千萬的見解；使人在相形之下，自然的感覺自己渺小，他死後，我看見許多青年為他流淚，甚至於一時失去理智，要到省參議會去「責問」。當時我悟到什麼是一代大師的感召力。

我只能算敬愛傅先生的一個人。從他患血壓過高症，就神經質的時時耽心會發生不幸。當不幸真的來臨時，我所受的打擊卻比完全料不到的晴天霹靂還大。

（《臺大校刊》第一〇一期）

悼校長

傅校長丟開了我們逝世了！

今天早晨我們剛起床下樓洗臉，就聽到同學說：「傅校長死了。」聽了這話同學都驚呆了。這怎麼可能？一年來和我們朝夕相處，孜孜改革校政謀同學福利，甚至昨天還聽他健在的傅校長，今早一醒來就聽說他去世了，這太不可能。同學們紛紛議論著，誰都不願意相信這噩耗是事實，然而傅校長真地已經拋棄了我們丟開了他熱愛的臺大而逝去了！在短短的幾小時內就因腦溢血病逝於省參議會會場。

回想起傅校長，人人都是一肚子感慨。我在三十七年考進臺灣大學，當時臺大校政混亂的局面，在國內大學中少見。校政亂如麻，人事制度不上軌道，學生教授陣容亂如麻，圖書館未整理好，儀器設備不完全，經費沒有辦法，學生沒有宿舍到處亂住。貧苦勤學的同學無法安心讀書，學習的環境亂糟糟。莊校長離職後，久無人代理，當我們聽到傅先生就任我們的校長後，個個都歡欣鼓舞，深幸臺大得人領導。果然，傅校長未負我們的期望，而且，簡直超過了我們的期望。他在短短的兩年中，把臺灣大學整理成了一個有規模有希望有前途的大學。我們得到了大批權威的教授，有了好的圖書儀器設備，有公費可安心讀書，有宿舍可

安心求學，每個同學都直接感受到他的恩惠。現在傅校長的理想還未完全實現，

　　而他竟離我們而去了！回想種種，誰能不同聲一哭！連曾經受他處分的同學，聽到了這消息，也失聲悲慟。

　　傅校長逝去了，臺大少了一個好校長，我們少了一個好導師，國家少了一個偉人。學府依舊，而生息二年其中的校長卻逝去了！我們到那裡去找我們的傅校長呢？到那裡去找我們的傅校長呢？

（臺大蓓蕾社刊）

哭傅校長

傅校長，你走了，永遠永遠地走了，無聲無息地走了。你走得多麼快，多麼突然。你的親人哭，你的朋友哭，我哭，同學哭，天也哭！

二十日的晚上，多麼不吉祥的夜晚呀！上帝從我們的世界搶走了你的生命。到了那個永恒不變的世界裡，你感覺得陌生嗎？你忍心丟下你的臺大嗎？你忍心丟下你的學生嗎？你一定感覺得陌生。你一定不忍心！但是，上帝多麼殘酷呀！

你不該走得那麼早，你記得嗎？我們最初走路的姿勢多麼難看，你教我們應該怎麼走，然後又教我們上樓梯。樓梯上完了，正要開始學爬山，你卻不辭而去了。你知道嗎？我們想跟隨你爬上喜馬拉雅山的山嶺，俯瞰變幻萬象的世界，從虛偽中分出真，從罪惡中分出善，從醜陋中分出美；然而你卻遺棄我們而走了。

你不該走得那麼快，應該再多活十年、二十年……那時你看見我們的翅膀長得硬強了，飛翔在你身旁，看見你所播的種子開花結菓了，於是你高興你笑了，那時該是一個春暖花開，百鳥啁鳴的季節，我們為你唱一支禮讚的歌，朗誦一首感恩的詩。但是，你走了，悄悄地走了，這一切的一切都在痛哭聲中化為烏有了。

今天早上，我們到極樂殯儀館去看你，你靜靜地躺在紗罩裡，閉著眼；你睡著了吧？永遠地睡著了，安息了。你感覺得寂寞嗎？

那個世界多麼荒涼，一切都是永恒不變的。我記得你不喜歡別人遲滯不進，時常告誡我們應該勤讀書，時刻求進取，但是你畢竟走了，走到那麼一個世界裡去，你甘心嗎？

傅校長，你的影子將永遠活在我們的心裡，活在無數青年學生的心裡。然而我們將以什麼去彌補我們的心靈底哀傷呢？

（三十九年十二月二十五日《中央日報》）

悼傅校長

劉溥仁

　　傅校長突然逝世，識與不識，同聲痛惜，從五四運動起以迄於今日，傅先生一直是在為民主自由而奮鬥，他一生沒有為個人打算什麼，所以弔他的人們，都是哭之以公，而非哭之以私，傅夫人俞大綵女士，能忍悲處後事，實亦公而忘私的在痛他，在家庭骨肉之間，能以公勝私，其人格之偉大，豈言語所能表達於萬一者。

　　大約是七八天前，在農學院牧場，我遇見了他，想不到竟是最後的一面，大家偕行於田野間，隨便談說，他指著蔗田和稻田說：「臺灣產糖產米，是先天註定了可以發展農業，其他則難配合發展，臺灣是不能自給自足的。」言罷仰首而嘆，不勝欷歔！連隨便談話都是這樣愛國憂國，無怪反對的人，罵他是對著鏡子不認識自己的人，其實，這何嘗是傅先生的短處，相反的，這正是他那無私的偉大人格。

　　傅先生長臺大兩年，在夠大的臺大，是日以繼夜的擘劃如何將它辦好，他不但為臺大現在的一切計畫，並且為臺大將來的師資焦慮，他說：「日治時代的臺大，只是殖民地最高學術顧問機關，我們要把它建立成真正的大學。」是的，真正的大學之路，剛剛開闢，而這位哲人，卻「出師未捷身先死，」如何能不令人痛失導師。

　　紀念傅校長的最好方法，是完成他的遺志，這是同人同學應努力以赴的，他為臺大的事，死在參議會，他是陣亡，不是病亡，他一生為民主，自由而奮鬥，是為民主自由而生，死在參議會，是為民主自由而死，雖是死得其所，只是死得太早了，我們真是欲哭無淚！噫！

（臺大商學會會刊）

悼念傅校長孟真先生

曹志源

當民族文化正在存亡繼絕的時候，當千萬青年正期待著你的哺育的時候，你，偉大的校長啊！居然在這個時候離開我們了，悲傷的豈只是我們──你的學生？凡是珍惜中國文化的人，熱心教育的人，誰不──洒痛惜的眼淚！

十二月二十一日早晨，還沒有起牀，寢室裡就擾攘起來，我原以為定是世界大戰爆發了（因為這幾天來的形勢相當緊張的原故）呢！爬起來，看見同學們驚愕的面孔，「校長去世了！」同學們目瞪口呆地彼此傳播著，「哇！校長去世了？」我好像觸了電似的全身感到一陣麻木，我簡直以為還是在夢境中，我不相信這消息會是真的，因為昨天下午校長不是還好好地去參議會的嗎？一位同學說，剛在布告欄看到教務處的布告，已經證實了，說是腦溢血，死在參議會，我不禁為之熱淚盈眶，為臺大的前途，為自由中國教育界的前途尤其是為了自己的前途，我痛惜失去了如此一位偉大的導師。

為了誌哀，學校停課一日，但同學們大多還是照常來到學校，廣大的學區這時為哀悼的氣氛所籠罩，同學們東一堆，西一群地圍著談論校長的不幸，和他的佚事。有的說，如果不是傅先生作臺大校長，也許他會進不進來，有的對於他平日對人公正、無私、對事

認真負責的美德，稱口不絕。不錯，傅先生確是現今社會中罕有的能擺脫世俗的情面和觀念，而真正為教育而教育的人，也沒有為了成全自己的私慾或交情而剝奪過任何一個人深造的機會。為了窮苦的學生，他曾想盡方法以成全他們的學業，在今年新生入學典禮的時候，他說：「我決不讓任何學生因為經濟拮据而喪失他的學業」，後來工讀生一批批地核准了，多少有為的青年，得從貧窮的魔掌裡掙扎出來。凡此種種，都是每一位臺大的學生所深念不忘的。

「高山仰止，景行行止」。先生的軀殼死了！先生留給後輩的印象和楷模，是永遠不會消失的，先生的精神，廣則瀰漫在文化的宇宙間，深則憩息在人心的深處，謹以悲慟的心情，深深祝福校長在天之靈。

（三十九年十二月三十一日《新生報》）

悼傅校長

　　傅校長孟真先生，在生前轟轟烈烈，光芒萬道，逝世時也像一顆遽然崩落的隕星，一眨眼就不見了。這莫非就是所謂「造物不仁」，自然界的慘酷，一個普通的軀殼，耐不起長久包藏一個偉大的靈魂，這真是千古憾事！

　　古人說君子有三不朽——「立德」、「立功」、「立言」，以現在社會說，應該是一個人對於作人，處事，治學的貢獻。不消說傅校長雖是「中道崩殂」，他的三種不朽，早已為世人所公認。關於傅校長的為人，可說是鍾靈毓秀，代表民族正氣的，他的性格是由衷的光明和熱誠，所以他只知重「公愛」，而不重「私愛」，只知充實「大我」，而輕「小我」，作人的標準，好像是「數學」，一絲不肯含糊。他的處事，對於一種使命的完成，不惜「鞠躬盡瘁」，打破了自古以來「書生無用」「文人無行」的惡嘲。他的治學，除在學術的貢獻已有定評外，也像他的作人處事一樣，為了發掘和維護真理，分毫不能假藉，這在他的遺著中可以看出的。

　　傅校長的軀殼是逝去了，他的不朽的事業，將永垂不朽，我們應該追隨他的不朽事業，以悼念傅校長。

（《臺大校刊》第一〇一期）

敬悼傅斯年先生

《公論報》社論

　　國立臺灣大學校長傅斯年先生於昨晚十一時二十二分患腦充血棄世長逝，噩耗傳來，無論識與不識，莫不同聲悲悼，雖勝哀思。

　　當傅先生出長臺大之時，本報曾以〈與傅校長論發展臺大〉為題，表示歡迎和祝望，其中有一段說：「現在傅先生繼長臺大，以傅先生學術界之聲望地位，以至於在社會上之聲望地位。臺大困難之可藉此打開，當在意料。故愛臺大者莫不初聞傅先生之來，而即引起某種新氣象之直覺，傅先生似應珍貴此種反響，而以行動及事實證明上述直覺的正確。」又有一段說：「現在臺大得如傅先生者之學者長校，為國家，為本省，均不禁額手稱慶。……千言萬語，不過願臺大在傅校長任內得以復興，得以發展而已。」

　　一年多來，傅先生主持臺大，積極整頓，以嚴正的自由主義學人的立場，領導學生作靜讀深研的工作，進步顯然，有目共睹，我們的祝望沒有落空，臺大的聲譽日見雀起。方期傅先生於初奠安定的基礎之後，繼續促使臺大達到最好大學的最高標準，不幸先生竟以血壓過高，突患腦充血溘然辭世，此不僅臺大一校的損失，亦是自由中國教育學術界最大的損失，言念及此，能勿悼念無已！

　　傅先生辦臺大，有他的理想。他在〈幾個教育的理想〉一文中，提到三點，即（一）「平淡無奇的教育」，歸納起來是要學生「有房

子住，有書唸，有好玩的東西玩。」（二）「品性教育的初步」，是要學生「不扯謊」。（三）「公平」，是認為「凡同樣的人在一切法律或規則上平等。」這三點。看似平淡無奇，實在是辦學的根本。我們最佩服傅先生「不扯謊」之中的一段話：「我以為扯謊是最不可恕的。科學家扯謊，不會有真的發現，政治家扯謊，必然有極大的害處，教育家扯謊，更無法教育人。我常常對學生說，我們對這一道可以互相勉勵，假如你們發現我有扯謊或者開空頭支票，或者有意無意騙你們一下，你們應該立刻向我說，假如是誤會的話，我要解釋明白，假如真是說話靠不住，你們可以用我責備你們的話責備我。凡是作學問的人，必須從不扯謊作起。」教育最難的工夫是「身教」，這段話，充分表達了傅先生為學做人的風格，相信臺大學生諸君必受傅先生的薰陶，而被深深感動的。

　　傅先生辦臺大，有他的做法，確實做到了他初接事時「開誠布公」的保證。他要在「安定中求進步」，負責達到了使學生「有房子住，有書唸，有好玩的東西玩」的理想。他為遠道的學生解決了住的問題，為清寒的學生解決了吃的問題；他增聘有學養的教授，嚴格整頓上課缺席的情形，充實全校六個學院的基礎課程，他鼓勵學生作各種正常的課外活動，如運動、音樂遊戲及美術欣賞等等。最難得的是他拒絕了一切倖進請託的陋習，實行絕對公正無私的嚴格考試制度使真正的讀書人才能進入學校，無形中為臺大提高了水準，並造成安定的環境。他還徹查根究儀器失竊案和偽造試卷案，並未文過飾非，巧言辯護，而且坦蕩蕩地公諸於世，切切實實地教育了青年和社會。所有這種做法，有些不是一般學人，都能一無顧忌地做得出來的，而傅先生竟如此正直的做了出來，我們怎不為臺大青年及中國教育界感到衷心的祝福。

　　為了實現他的理想，貫徹他的做法，傅先生這一年多來所遭遇的困難與磨折，是相當深刻的，這在傅先生任內所發表的有關臺大的幾篇文字裡可以略知其大概，但是傅先生都以無比的毅力，光明的態度，嚴正的作風，一件件的克服過去了。到今天，臺大正在傅先生的領導下，日漸充實、進步、發展之中，傅先生之突然辭世，不僅傅先生的親屬哀毀逾恒，即臺大教授及學生諸君，遽失良友嚴師，其所受的震動與悲痛，亦必千百倍於任何校外的人士；我們有限的文字寫不盡無限的哀思，除了祝禱傅先生安息以外，並藉此唁慰傅先生的親屬、同事及學生。尤望臺大學生諸君謹守傅先生生前的教誨，以慰傅先生在天之靈。

　　　　　　　　　（三十九年十二月二十一日《公論報》）

悼傅孟真先生

《中華日報》社論

傅孟真先生的逝世，是中國學術界不可補償的損失也是世界思想界上重大的損失。當此紅禍橫行，思想範疇失其常軌的時候，精通中西學理，深明歷史演變，而能針對共產國際的邪說謬言，揭發隱微，洞見癥結的，除了孟真先生外，並世實在沒有幾人。他是自由主義的信徒，他的正義感極強，他永不屈於惡勢力，他對於邪說的誤人，比對魔鬼還憤怒。他是學術界的祭酒，他更是正義公道的鬥士。對於傅先生的逝世，不但中國的學術界，青年人同聲一哭，全世界愛自由、愛民主的人，也應深致其悼念。

傅先生辦臺灣大學的精神毅力，是大家所已知道的。但是大家所看到的，還只是傅先生表而在外的工作，不是傅先生所隱而在內的精神。記得共產國際在臺灣的活動，曾一度以臺大為中心。臺大的共諜，有巧妙的外圍，還有很多地下方面的布置作呼應，他們知道傅先生要制裁他們，他們發動了很多人來包圍，並且用種種卑劣的手段來恫嚇，連不認識傅先生的人，都為他的安全躭心。傅先生毅然行之，泰然處之，絲毫不以一己安全為念。這一種勇，是智者之勇，是我們大家所欽佩而不見得人人能夠企及的。

大家都知道傅先生是一位自由主義的學者，但是傅先生才真正無愧於自由主義的聲名。大陸上許多人，假自由主義之名，以行其

賣身投靠之實，這種人固然是自由主義所不齒。還有更多的人，以為自由主義即等於故違政府的法令，獨行其是，共匪從而運用之，造成是非不明，順逆不分之情勢，此種人亦為自由主義的罪人，獨有傅先生，於自由主義造詣最深，而於是非順逆之辨，分別最準。傅先生在民國十五年前曾經入黨，以後因軍閥已平，北伐已成，就沒有參加總登記，所以他以後已經不是國民黨員。但他的愛國家愛民族之深，本黨同志中能企及者實不多覯。他在國家每一度危難的時候，總是出面寫文章，為效忠政府，向人民大聲呼籲。西安事變時，他在南京《中央日報》發表的文章，篇篇是有血有骨有氣的好文章。他在日本侵略東北，巧為邪說，指東北並非中國屬土之時，特在百般繁冗的環境中，草成《東北史綱》。在那本書中，他以其獨特的史學見解，淵博的學術修養。廣泛的資料，引經據典以古證今，說明東北是屬於中國的鐵證。自從他這本書問世，日本軍閥御用學者在太平洋學會中所發的謬論，才不撲自滅。當抗戰之時，共諜文邪郭沫若曾歪曲史實，著所謂《甲申三百年祭》，捧流寇李闖為農民革命英雄，其氣燄甚張，輿論界雖紛紛抨擊，但不足遏其妖雰。傅先生乃以其淵博的知識，指明李闖與多爾袞勾結之事實，間接證明郭逆的捧闖賊，在遂行其赤色漢奸之陰謀。此一事實指證以後，郭逆及其尾巴立刻銷聲匿跡，延安為之震撼。這些都是傅先生學術報國的地方，值得我們加以紀念的。

傅先生不但是一位有高深造詣的學人，還是一位懂得運用政策的政治家。在抗戰末期，共匪以西南為工作重心，曾發動西南聯大的風潮，其背後陰險策略，至為繁複而困煩，當局應付一時無從措手，傅先生單槍匹馬，兩語三言，即將其西洋鏡戳穿，使共匪精心殫慮布置的化為泡影，事後傅先生並不以此告人，其不居功，不好

名，見義勇為，奮不顧身處，實具仁者俠者的崇高精神。今天機運初轉，而國步艱難，「聞鼓鼙而思壯士」，凡我忠黨愛國之人，能不因損失傅先生而同聲一慟！

傅先生的逝世，證明是工作過勞。他原本因病在美休養，他也知道他的身體不宜於膺任繁鉅；但是他鑒於國步的難危，感於領袖的知遇，他畢竟毅然決然走上戰鬥的程途。他回國到臺灣就任臺大校長後，可說是一直過的是戰鬥的生活，他的精神感動了多少人。社會上平添了多少正氣，大學中平添了優良的研究風氣，孟真先生雖去，他是無愧於國家，無愧於同胞，無愧於青年的。有的人說傅先生太認真，但今天中國少的正是認真的人；有的說傅先生好詼諧，但今天中國人少的正是這種幽默感；有的說傅先生為學太雜，但是中國今天正需要這種明識遠見的通才。傅先生的確可算是一位新中國的完人了。一切對於他的藻飾都是多餘的。相信他的精神，一定可以貽留到久遠，發生廣大的影響。相信臺大的全體師生，一定能照著傅先生的成規去做，並且努力發揚，相信自由中國的學術界文化界，一定能善盡其闡揚正義，摧毀邪說的天職。拿這些來紀念孟真先生，傅先生可以瞑目了罷！

（三十九年十二月二十一日《中華日報》）

傅孟真先生逝世二十週年祭

　　本年十二月二十日，是傅孟真（斯年）先生逝世二十周年的忌辰。回憶二十年前，當孟真先生逝世的消息傳播出來的時候，真是舉國震悼。公祭的那天，臺大的師生，政府的官員，以及無數的社會人士，那種萬人隕涕的情景，到今天還活現在眼前。以一介書生，而能感人如是之深；就筆者所知，近數十年，前者有孟真先生，後者則有胡適之先生。「哲人日已遠。」在孟真先生逝世已滿二十年的今天，筆者——曾經在某機關被孟真先生記了一過的屬員——寫這篇追念的文字時，還不禁沓然淚下。

　　胡適之先生所作的孟真先生集序中，有這樣一段話：

> 孟真是人間最稀有的天才。他的記憶力最強，理解力也最強。他能做最細密的繡花針工夫，他又有最大膽的大刀闊斧本領。他是最能做學問的學人，同時他又是最能辦事、最有組織才幹的天生領袖人物。他的情感是最有熱力，往往帶有爆炸性的；同時又是最溫柔，最富於理智，最有條理的一個可愛可親的人。這都是人世最難得合併在一個人身上的才性，而我們的孟真確能一身兼有這些最難兼有的品性與才能。

這些話語，絕沒有一點溢美之辭。適之先生雖不是孟真生生受業的老師；但，孟真先生以師事之。他們相知最深，英雄識英雄，所以能把孟真先生的個性和學識，說得這麼中肯。

以筆者的學力和見識而言，實在不能深切地瞭解孟真先生在學術、事業等方面的貢獻。本文只摭拾一些真正瞭解孟真先生的人士所作的紀念文字，再加上一些管窺之見，來作一個簡略的敘述，用以表達景慕和悼念的微意。

孟真先生有神童之稱，十一歲就讀完了十三經，十三歲就以能文著名。十四歲考入天津府立中學堂，十八歲考入北京大學預科，二十一歲升入該校本科的國文門，二十四歲畢業後，參加山東省官費留學生考試，被錄取。那年冬天，便到英國，次年夏入倫敦大學，研究實驗心理學，並研究物理學和數學等科。三年後，即民國十二年的秋天，轉入德國柏林大學，從事物理和比較語言學等方面的研究。十五年冬年，由德返國。十六年晚天，就任廣州中山大學教授，兼文科學長（後改稱文史科主任）。那時孟真先生才三十二歲。

當孟真先生在中山大學任教的半年後，就在該校創設了一個語言歷史學研究所。次年（十七年）春，就任中央研究院歷史語言研究所籌備委員會委員。同年十一月，歷史語言所正式成立，即受聘為所長。此後二十多年，他雖然先後兼任過北京大學教授、中央研究院總幹事、中央博物院籌備主任、北京大學代理校長、臺灣大學校長、國民參政會政員、立法委員、總統府資政等職；但他的心力，在三十七年底以前，主要的都耗費在歷史語言研究所裡；三十八年一月以後，直到逝世的那天——三十九年十二月二十日，都把整個的心力耗費在臺灣大學裡。

　　從上文所舉孟真先生的學歷和經歷看來，他治學的情形，已可
以略知梗概。但，在這方面，他的老同學羅家倫先生，說得更為詳
細。羅氏在〈元氣淋漓的傅孟真〉一文（見民國三十九年十二月三
十一日《中央日報》，改訂稿刊於傅故校長哀輓錄。此據改訂稿。）
中說：

> 就在五四那年的夏天，他考取了山東的官費，前往英國留
> 學，進了倫敦大學研究院，從史培曼（Spearman）教授研究
> 實驗心理學，這看去像是一件好奇怪的事。要明白他這個舉
> 動，就得要明白當新文化運動時代那般人的學術的心理背
> 景。那時候大學對自然科學，非常傾倒；除了想從自然科學
> 裡面得到所謂可靠的知識而外，而且想從那裡面得到科學方
> 法的訓練。認為這種訓練在某種學科以內固然可以應用，就
> 是換了方向而來治另外一套學問，也還可以應用。這是孟真
> 要治實驗心理學的原因。孟真為了要治實驗心理學，進而治
> 物理、化學、和高深的數學。他對於數學的興趣比較濃，因
> 為他在國內的時候就喜歡看邏輯的書，研究皮爾生的《科學
> 規律》（Karl Person *Grammar of science*）和或然律（Law of
> Probability），後來像金斯（J. M. Keynes）所著的《或然率
> 研究》（*Treatise on Probability*）一類的書，都是他很欣賞的。
> 所以可以說，孟真深通科學方法論。當然以貪多務得細大不
> 捐的傅孟真，他的興趣決不會限於一方面。他對英國的哲
> 學、歷史、政治、文學的書籍，不但能看，而且能體會。我
> 想他對於蕭伯納的戲劇，幾乎每本都看過；所以蕭伯納死
> 後，他有做文章批評的資格，而且批評的很深刻。……以後

到了德國，因為一方面受柏林大學裡當時兩種學術空氣的影響（一種是近代物理學，如愛因斯坦的相對論，勃望克的量子論，都是震動一時的學說；一種是德國歷年來以其著名的語言文字比較考據學）；一方面受在柏林的朋友們如陳寅恪、俞大維各位的影響，所以在柏林大學既聽相對論，又聽比較語言學。他有了許多科學的方法和理論，又回頭發現了他自己曾經儲藏下的很豐富的中國歷史語文的知識，在此中可以另闢天地，所以他不但配談科學，而且是具備了一般科學理解的通才，並且更配做中央研究院歷史語言研究所的所長了。

「他有了許多科學的方法和理論，又回頭發現了他自己曾經儲藏下的很豐富的中國歷史語文的知識，在此中可以另闢天地……」這幾句話，對於孟真先生治學的基礎、和所以能在學術方面開創風氣的原因，說得非常中肯。由於他在學術方面有那麼廣博而深邃的造詣，再加上那卓越的識見，所以他主持中山大學語言歷史研究所的時候，雖然牛刀小試，就已有倡導風氣之功。後來主持中央研究院歷史語言研究所二十多年，更能大展宏猷，除了他自己發表了一些不朽的著作之外，更把史語所帶入了真正以科學方法整理國學的正軌，培植了眾多的享譽國內和國際間的學者，發表了大量的為世人所重視的專著和論文，遂使史語所在國際間佔有高尚的地位。

在民國十年的前後，學術界已經有「以科學方法整理國故」的呼聲。而且，像北京大學的國學門，和清華大學的研究院，都已經朝著這一個方向走。但，具有這種識見的人究竟不多，所以成就不

大。又：自從清代末年以來，歐洲的學者，在甘肅、新疆一帶，從事考古工作，搬走了大批的貴重文獻（如漢晉簡牘、敦煌卷子之類）；而大多數的國人，卻不瞭解這些新出現的直接資料之可貴。地質學、古生物學、人類學、考古學等，那時在國內雖然都已萌芽，然內調查、發掘的主持者，多半是外國人士。到了民國十七年，革命軍北伐完成，我國的政治和學術，呈現了一片蓬勃的新氣象，中央研究院和歷史語言研究所於是應運而生。孟真先生在〈歷史語言研究所工作之旨趣〉一文（該所集刊第一本、第一分）中說：

> 在中國境內語言和歷史學的材料是最多的，歐洲人求之尚難得，我們卻坐看他毀壞亡失。我們著實不滿這個狀態，著實不服就是物質的原料以外，即使學問的原料也被歐洲人了搬去，偷了去。我們很想借幾個不陳的工具，處治些新獲見的材料，所以才有這歷史語言研究所之設置。

「借幾個不陳的工具，處治些新獲見的材料」，這是孟真先生治學的信條，也是辦理歷史語言研究所的守則。在這同篇文章裡，他更申述這個意義說：

一、凡能直接研究材料，便進步。凡間接的研究前人所研究或前人所創造的系統，而不能豐富細密的參照所包含的事實，便退步。

二、凡一種學問能擴張地研究的材料，便進步。不能的，便退步。

三、凡一種學問能擴充他作研究時應用的工具的，便進步。不能的，便退步。

從上舉的幾段話語裡，可見他對於學術資料的重視。在他所著的史學方法論裡，把學術資料分為兩類：一、直接的史料；二、間接的史料。他認為凡是未經中間人手修改或省略或轉寫的，是直接的史料；凡是已經中間人手修改或轉寫的，是關接的史料。他舉例說的：「周書是間接的材料，毛公鼎則是直接的；世本是間接的材料（今已佚），卜辭則是直接的；明史是間接的材料，明檔案則是直接的。」他對於直接史料的價值，更有剴切的說明。史學方法論（史料論略部分）說：

> 間接史料的錯誤，靠他（里按：指直接史料；下同。）更正；間接史料的不足，靠他彌補；間接史料的錯亂，靠他整齊；間接史料因經中間人手而成之灰沉沉樣，靠他改給一個活潑潑的生氣象。我們要能得到前人所得不到的史料，然後可以超越前人；我們要能使用新得材料於遺傳材料上，然後可以超越同見這材料的同時人。

由於他能把握這個重點，所以從民國十七年歷史語言研究所成立時起，到二十六年抗戰開始時止，不到十年的工夫，他除了為史語所搜集了豐富而且切合實用的中外圖書之外，並且在殷墟進行了十五次的考古發掘，所得到的古器在十萬件以上，有刻辭的甲骨達二萬五千片；收購的明清檔案，經初步整理後運到臺灣來的，就有三十一萬多件；金石拓本，也近乎三萬幅。民族和語言的調查工作，已經做過好幾個省份。這些直接資料，在學術研究上都發生了重大的作用。尤其殷墟的發掘和研究工作，曾經成為轟動國際學術界的重大新聞。

史語所在籌備期間，所擬定的工作，分為九個重點，即：一、文籍考訂，二、史料徵集，三、考古，四、人類及民物，五、比較

藝術，六、漢語，七、西南語，八、中央亞洲亞語，九、語言學。
到史語所正式成立，就把這些工作重點，歸納為三組，即：第一組，
歷史，第二組、語言，第三組、考古（後來又增加了第四組，即人
類學組）。這三個組（包括後來的第四組），在學術研究上，都有
密切的關係，都是相輔相成的。所以李濟之先生在〈傅孟真先生
領導的歷史語言研究所〉一文（見歷史語言研究所傅所長紀念特
刊）中說：

> 二十餘年來，三組工作之相輔相成，就是這一決議案（里案：
> 指分為三組的決議案）合理的最大證據。由此也可以看出創
> 辦人刻意求進的精神及他的遠見。

中央研究院遷來臺灣後，院方曾一度想把考古組分出成為考古
學研究所，由於李濟之先生的堅決反對而未能實現。李先生之所以
反對，我想當是由於史語所分組之合理，各組工作可以相輔相成的
緣故。

孟真先生有如此的遠見，自然在聘請研究人員方面，更為慎
重。因為他自己有淵博而又深邃的學力，所以他能夠深切地瞭解
別人在學術方面的造詣；也就因為這樣，他才有駕御權威學者和
獎掖後進的能力。他所聘請的高級研究人員，固然都是權威學者；
即使是最低的助理員，也是在最負時望的大學中選取最拔尖的畢
業生。由於他確實能夠知人善任，而又絕不私阿於他的家屬、親
戚、和朋友，所以在他領導史語所二十多年中，從事研究工作的
人員，已故的如陳寅恪先生、董作賓先生；現在的老輩，如李濟
之先生、趙元任先生、李方桂先生、凌純聲先生等，這些飲譽
國際的學者，不必說了。其餘一些年輩較晚以及一些年輕的研

究人員，其學有專精，在學術界享有盛譽，也大有人在。因此，用「風雲際會」這句話，形容傅先生領導之下的史語所，我想是很適當的。

他在臺灣大學雖然只有兩年，但他不但把臺大整頓得已具有規模；並且已奠定了臺大未來發展的弘規。他首先注重基本學科，一年級的國文、英文、數學，都個別地成立了委員會，他都擔任召集人。由於他對此三科，都是內行；所以對於教材的訂定的，教法的商討，教師的任免，都得到了良好的效果。

他對於教師的聘請，是非常慎重的。他組織了教員聘任資格審查委員會，嚴格地審查新聘教師的學力。曾經為了聘請一位助教，聘任會開了四次會，經過激烈購辯論後，才投票決定。

他經常地和教務長、各學院院長、各學系主任，到各教室裡旁聽教師授課（事前他寫一封極客氣的信給各教師，說明他和教務長等可能來聽課）。一學期之後，就有教師自動地辭職。兩年之內，沒被續聘的教師，就有七十多人。相反地，他請來了很多在學術上有重要成就的人，尤其是文學院的教授。胡適之先生曾說（見民國四十一年十一月一日胡先生在臺大的講演，講題是「治學方法」；講演全文收入胡適演講集）：

「我到臺大來講治學方法，的確是很膽怯；因為我在國內教育界服務幾十年，我可以告訴臺大的同學們，現在臺大文史的部門，就是從前在大陸沒有淪陷的時候也沒有看見過有這樣集中的人才；在歷史、語言、考古方面，傅先生把歷史語言研究所的人才都帶到這裡來，同臺大原有的人才，和這幾年來陸續從大陸來的人才連在一塊，可以說是中國幾十年來辦大學空前的文史學風。」

　　胡先生作這次演講時，傅先生逝世已經兩年了。胡先生這些話
語，決不會是對傅先生的客套話。

　　傅先生對於學生的收錄，也極端慎重。他對學識優異的學生，
真可說是愛才如命。對於學識低下的學生，他絕不肯讓他倖進，他
建立了嚴密的新生入學考試制度，命題者是何人，固然絕對保密；
印題、校對的人員，必須「入闈」（他自己也親自入闈）。因此，杜
絕了諸託、賄賂等惡習。這入闈制度，直到現在的大專聯合考試還
沿用著。

　　他常常跑到學生宿舍裡，和學生們聊天、問寒問暖，關切備至。
他竭盡所能，替清寒的學生籌設工讀獎助金和獎學金。直到他在臺
灣省議會逝世的前一剎那時，還喊著：「我不能眼看著優秀的學生，
只為了沒錢的關係，而被拒於大學的門外！」

　　他替臺大奠定了穩固的基礎，創下了優良的學風。以後規行
矩步的錢思亮校長，又能蕭規曹隨。臺大之有今天的聲譽，信非
倖致。

　　孟真先生搜集學術資料的情形，已如前述。他對於學術資料的
維護，功績尤偉。抗戰初起時，他把史語所的全部圖書，和安陽發
掘的古物與甲骨刻辭，以及調查語言所做的音檔，調查邊將民族所
得的標本等，初牽長沙，繼遷昆明，最後遷到四川南溪縣的李莊。
抗戰勝利後，又完整地運回首都。民國三十七年的冬天，徐蚌會戰
之後，首都日漸迫近戰火，孟真先生又商洽有關組織委員會，籌措
經費，計畫把史語所的全部學術資料、故宮博物院和中央博物院籌
備處的古物書畫等精品、中央圖書館的善本書，運來臺灣。二十多
年來，我國文史學者，利用這些珍貴資料，做成了很多有價值的專
書漢論文；也培養了很多的文史學界的後起之秀。這些學術資料，

成了研究中國文化的外國學者的寶庫，甚至成為外國人士觀光的對象。而擁護這些民族命脈，不至為共產黨徒所毀壞，其意義尤為重大。現在已很少有人知道這些文物的遷臺從開始策劃，而籌措經費，而運抵臺灣，都是孟真先生主持其事。以致慣於臨難苟免的某文教機關首長，還貪人之功，以為己力，說某些事物遷臺，全是他的功勞。孟真先生雖然沒有在行政機關服務，但他在政治方面，也樹立過不少的偉績。五四運動那天，他曾到趙家樓，打進了曹汝霖的住宅。民國二十年秋冬之際，日本浪人在策動翼、察自治的時候，北平市長蕭振瀛震於日人的威勢，不知所推，曾以茶會招待北平教育界人士，商量對策。孟真先生在會中慷慨陳辭，堅決反對華北的特殊化。由於他的號召，北平教育界曾發動了一二九的示威運動。抗戰期間，他在國民參政會裡，堅決反對違背時代精神的議案；他猛烈抨擊政府某重要官員，迫使他去職。他這些轟轟烈烈的言行，常使愛護他的人們，替他捏一把汗；而他則處之泰然。

他愛護國家、忠於政府的赤誠，尤其使人感動。民國三十三年夏天，當抗日戰爭最艱苦的時候，他著手寫了文天祥的正氣歌和衣帶贊、過零丁洋、高人等詩，付給他的少君仁軌（那時仁軌才九歲），並且附以跋語。跋語中有這樣幾句話：

> 念茲在茲，做人之道，發軔於是，立基於是。若不能看破生死，則必為生死所困，所以異於禽獸者幾希矣！

民國三十八年，政府剛遷來臺那時的局勢非常險惡。臺大教授黃得時先生求他的法書，他寫了「歸骨於田橫之島」七個大字。這七個字，竟成了讖語。從上述的兩件事情看來，已足以表現孟真先生的志節，而可以使頑夫有廉懦夫立志了。

在一般人心目中，孟真先生好像是吒吒風雲，使人望而生畏的人物，其實大謬不然。他對於高官顯貴，誠然常常面斥其過；而對於地位低微的人，則不但和藹可親，而且體貼周至。他經常地和他的汽車司機一道下棋，一塊到飯攤上吃飯。他有時在寧波西街，蹲在路旁和擺棋攤的人共同下棋。他常常跑到單身教職員宿舍的飯廳裡，看大家的伙食情形。遇到有人吃不下伙食團的白水煮包菜（那時大家都窮得很）而自己買些滷菜、燒餅等物的時候，他會向人討半只燒餅或抓些滷菜來吃，然後哈哈大笑而去。

從抗戰開始，到他逝世時止，公教人員的生活，非常艱苦。抗戰期間，史語所的梁思永先生害著嚴重的肺病；董作賓、勞幹兩位先生，都因家口眾多，以致三餐都成問題。孟真先生曾想盡了辦法，替他們找些外快；甚至把他自己心愛的書籍賣掉，以補貼董先生的家用。他自己卻從不自謀。在臺大校長任內，一直穿著一件狹小的、早就褪了色的西裝上衣；到他離開人間的時候，依然是那件衣服。寫到這裡，筆者又不禁淚眼模糊了。

嗚呼！聖人吾不得而見之矣！得見學識淵博、人格高尚如孟真先生者，也可謂三生有幸了。

六十年十二月十四—五日《中央日報》

讀歷史 54　史地傳記類　PC0410

懷念傅斯年

作　　者 / 胡適等
主　　編 / 蔡登山
責任編輯 / 陳佳怡
圖文排版 / 段松秀
封面設計 / 陳怡捷

發 行 人 / 宋政坤
法律顧問 / 毛國樑　律師
出版發行 / 秀威資訊科技股份有限公司
　　　　　114 台北市內湖區瑞光路 76 巷 65 號 1 樓
　　　　　電話：+886-2-2796-3638　傳真：+886-2-2796-1377
　　　　　http://www.showwe.com.tw
劃撥帳號 / 19563868　戶名：秀威資訊科技股份有限公司
　　　　　讀者服務信箱：service@showwe.com.tw
展售門市 / 國家書店（松江門市）
　　　　　104 台北市中山區松江路 209 號 1 樓
　　　　　電話：+886-2-2518-0207　傳真：+886-2-2518-0778
網路訂購 / 秀威網路書店：http://www.bodbooks.com.tw
　　　　　國家網路書店：http://www.govbooks.com.tw

2014 年 6 月　BOD 一版
定價：298 元

國家圖書館出版品預行編目

懷念傅斯年 / 胡適等著. -- 一版. -- 臺北市：秀威資訊科
技, 2014.06
　　面 ；　 公分. -- (史地傳記類)
　BOD 版
　ISBN　978-986-326-259-6 (平裝)

　1. 傅斯年　2. 臺灣傳記

783.3886　　　　　　　　　　　　　　　　　103008749

讀 者 回 函 卡

感謝您購買本書，為提升服務品質，請填妥以下資料，將讀者回函卡直接寄
回或傳真本公司，收到您的寶貴意見後，我們會收藏記錄及檢討，謝謝！
如您需要了解本公司最新出版書目、購書優惠或企劃活動，歡迎您上網查詢
或下載相關資料：http:// www.showwe.com.tw

您購買的書名：_____

出生日期：_____年_____月_____日

學歷：□高中 (含) 以下　　□大專　　□研究所 (含) 以上

職業：□製造業　□金融業　□資訊業　□軍警　□傳播業　□自由業
　　　□服務業　□公務員　□教職　　□學生　□家管　　□其它____

購書地點：□網路書店　□實體書店　□書展　□郵購　□贈閱　□其他

您從何得知本書的消息？

　□網路書店　□實體書店　□網路搜尋　□電子報　□書訊　□雜誌
　□傳播媒體　□親友推薦　□網站推薦　□部落格　□其他_____

您對本書的評價：(請填代號　1.非常滿意　2.滿意　3.尚可　4.再改進)

　封面設計____　版面編排____　內容____　文／譯筆____　價格____

讀完書後您覺得：

　□很有收穫　□有收穫　□收穫不多　□沒收穫

對我們的建議：_____

_____

_____

_____

11466
台北市內湖區瑞光路 76 巷 65 號 1 樓

秀威資訊科技股份有限公司　　　收

BOD 數位出版事業部

··

（請沿線對折寄回，謝謝！）

姓　　名：＿＿＿＿＿＿＿＿＿　　年齡：＿＿＿＿　　性別：□女　□男

郵遞區號：□□□□□

地　　址：＿＿＿＿＿＿＿＿＿＿＿＿＿＿＿＿＿＿＿＿＿＿＿＿

聯絡電話：(日) ＿＿＿＿＿＿＿＿＿＿＿　(夜) ＿＿＿＿＿＿＿＿＿＿＿

E-mail：＿＿＿＿＿＿＿＿＿＿＿＿＿＿＿＿＿＿＿＿＿＿＿＿